湛庐文化
Cheers Publishing
a mindstyle business
与思想有关

7

CAREER STRATEGIES
TO TAKE YOU FROM WHERE YOU ARE TO

WHERE
YOU WANT TO BE

生涯线

[美] 戴维·范鲁伊 著
David L. Van Rooy
粟志敏 等 译

浙江人民出版社
ZHEJIANG PEOPLE'S PUBLISHING HOUSE

TRAJECTORY: 7 CAREER STRATEGIES TO TAKE YOU FROM WHERE YOU ARE TO WHERE YOU WANT TO BE

谨将本书献给我的天使们

安娜·索菲娅

和

埃拉·维多利亚

TRAJECTORY
序言

人人都有一条生涯线

> 如果没有持续的增长和发展，改进、成就和成功这类词语就变得毫无意义。
>
> ——本杰明 · 富兰克林

我在职业发展道路上极为顺利，曾经就职于世界上最著名、最具影响力的一些公司，其中包括沃尔玛、万豪国际集团和汉堡王。这 3 家企业在 100 多个国家拥有近 300 万名员工。我目前任职的沃尔玛公司拥有员工超过 200 万人，遍布 27 个国家。在这等规模的公司工作让我有机会参与难得的大项目，发展自己的职业生涯。久而久之，我在事业上逐渐获得发展，为企业做出的贡献也越来越大。更幸运的是，在这个过程中，我发现了一些要素，它们或者能推动职业生涯蓬勃向上，或者给你带来失望和沮丧，我们可以根据它们来制定职业发展策略。在本书中，你将学到这些永恒的策略，利用这些策略来确保自己实现目标，实现自身的职业发展梦想。

我攻读的是新兴专业——工业与组织心理学，并获得了哲学博士学位。这个领域的核心就是职场心理学和员工心理学。倘若懂得了人类心理学，我们就能对人性有更深刻的理解，从而帮助员工发现并驾驭自身与生俱来的优势和能力，让他们在工作中取得最大的成功。这里面也涉及一些基本工作，例如建设和运营更顺畅的组织，设计招聘和培养优秀员工的项目。

本书区别于同类书籍的关键两点就在于我的心理学专业背景和我在大型企业内丰富的跨国工作经验。在本书中，我对经典和当代心理学均进行了介绍，以便更好地解释“要做什么”和“为什么要这样做”。我对心理学的探讨并不是脱离现实的，也不是对我的经历泛泛而谈。我将现实和深层次的道理综合在一起，从而让概念变得更加直观，为大家提供推动职业发展的切实策略。

我记得，我曾经向妹妹（她当时正在考虑是否要去读研究生）介绍自身的教育生涯线，当时我第一次使用了生涯线（trajectory）这个词语来描述发展的过程。我告诉她，真正重要的是尽自身最大的努力，在人生的每个阶段做得越来越好（顺带说一句，她最终决定去读研究生，并且现在拥有了一家经营得很不错的按摩诊所）。读小学时，我的成绩比较差，读中学时有所进步，读大学时则有了更大的进步。谢天谢地，我沿着正向的生涯线前行，一直走进了研究生院，并以优异的成绩毕业。

进入职场之后，在职业发展的关键时刻，生涯线的概念更是深深根植于我的心中。与许多员工一样，我常常向资历更老的员工寻求建议（我现在仍然这样做）。这么多人给予我建议，分享他们的智慧，对此我始终心怀感激。我之所以能取得成功，很大一部分功劳归属于他们。一天，同事凯特出人意料地问我是否愿意和她碰个面，就职业生涯规划给她出谋划策。这是一个非常简单的请求，我也多次这样做过。只是这一次，我成了被请求的对象。在此之前，我从未想过自己能够就职业生涯规划为其他人提供指导。但我深知自己此前获得的那些反馈信息有多么宝贵，所以我希望能够尽可能地把自己得到的那些帮助传递下去。从那一刻起，我开始正式开发“生涯线”这个概念，也就是不断朝着自己的目标前行，努力实现它。在本书中，我将介绍 7 大策略，即 7 条经验，可用来指引和管理自身的职业生涯线。这些策略不仅不受时间的限制，而且适用于各行各业、各个级别的职场人。

在与许多成功人士交流之后，结合自身的经验，我开始寻找其中的共同点，一些可以向凯特介绍的深刻见解。在碰面时，我们俩探讨了她的职业发展目标，以及如何让自身的职业沿着正确的生涯线前行。后来，我又与其他员工进行了类似的谈话。我很快意识到，大部分员工最关心的是他们当前的工作，还有一些员工对下一份工作也比较关心。**多数员工希望能探讨与当前和下一份工作相关的具体问题。尽管这些都很重要，但我认为**

这些关注点比较短视，对那些初入职场的人来说尤其如此。

人们在谈论未来的职场发展目标时会感觉困难重重，他们通常还没有考虑如何通过当前的工作来为下一份工作或者再下一份工作做好准备。我认为，如果想要给予那些寻求职业生涯建议的人一些真正能发挥作用的宝贵建议，就必须拥有远见，教导他们如何来实现目标。除了要为今天和明天做准备之外，还必须学会做好准备，迎接下一步的挑战。你应当学会思考自己职业生涯的现在、下一步以及再下一步的发展目标，从而积累经验，为每一步都做好准备。“职场目标”和“职场道路”这些词语对多数人来说是耳熟能详的，但这并不能让他们产生共鸣，也不能帮助他们进行有效的职业生涯规划。“生涯线”将帮助你远离那些泛泛之谈，真正关注那些直观具体而且能够管理（这点更为重要）的职场策略。

在与员工们进行对话时，我发现了他们的一个共同点：既害怕失败，又渴望立即取得成功。我还注意到一个特点，那就是人们通常都非常极端。一方面，他们天生害怕失败，这可能会限制他们冒险的能力；另一方面，他们希望能尽快取得成功。这两个极端通常并不能兼容。但在与他们的对话中，我发现了平衡这两个对立面的方法。我将在《生涯线》中与大家分享这些策略和秘密。

我曾请求他人给予我职场建议，也曾有人找我咨询职场建议。我对这些谈话进行了归纳总结，提炼出一系列简单易懂的策略，帮助人们追求自身的职业发展目标。撰写《生涯线》一书的目的与我为员工们提供职场建议的目的一样。我希望通过令人兴奋且直观的方式帮助人们规划个人和职业发展道路，实现蜕变。人们会感叹自己怎么没有早一点想到这些。

《生涯线》一书将为大家提供当前和未来发展所需的指引，树立坚定的信心。

如何用 6 根火柴拼出 4 个等边三角形?

扫码下载“湛庐阅读”APP,
搜索“生涯线”获取答案的彩蛋。

什么是彩蛋

彩蛋是湛庐图书策划人为你准备的更多惊喜,一般包括①测试题及答案 ② 参考文献及注释 ③ 延伸阅读、相关视频等,记得“扫一扫”领取。

TRAJECTORY

目录

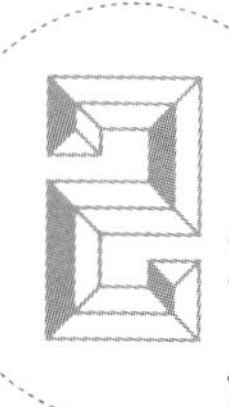

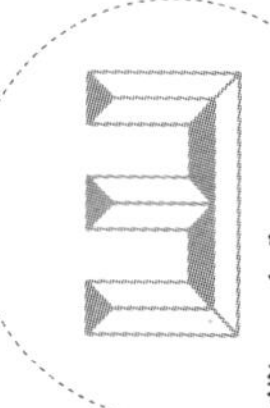

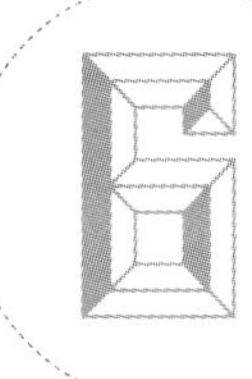

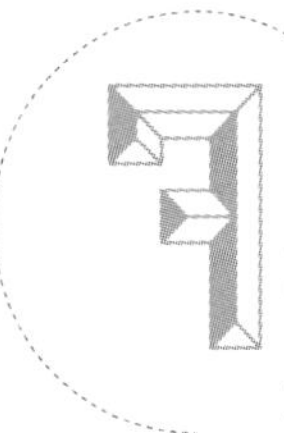

沿着正向的生涯线前行

> 千里之行，始于足下。
>
> ——老子

人人都有一条生涯线。生涯线是你为自身铺设的道路。本书将告诉你如何创造自身的道路。这个概念已经存在数个世纪了，但人们并未充分理解或进行有效管理。通常情况下，人们会根据传统思维来进行狭隘地理解。正是因为如此，《生涯线》一书才显得至关重要，因为它能帮助你找到合适的方式，管理和发展自身的职业生涯。

每个组织都有其独特的文化，并且必须确定这是不是他们有意促成的。从长远来看，公司若能对文化加以管理，就能取得更大的成功。组织文化必须得到管理；同样，个人的职业发展，即你的生涯线，也必须加以管理。至于如何管理，将取决于你自己。本书将帮助你大大降低管理的难度。

托马斯·杰弗逊就非常清楚自身的生涯线。在人们的记忆中，他是美国的开国元勋之一，也是美国第三任总统，但他的成就远不限于此。杰弗逊能赢得世人的尊崇并非偶然。那个时代没有太多我们现在视为理所当然的便利设施，比如电、电话和互联网，但他取得了令人惊讶的成就。他掌握了5门语言，是一位建筑师，也是律师和国会议员。他起草了《独立宣言》，创立了知名的弗吉尼亚大学。他的成就数不胜数。

在取得每项成就之后，杰弗逊本可以感到满足，但他选择学习不止，不断推动自身的生涯线往前迈进。他不断努力，为自己和周边的人争取更美好的生活，而且通常要为此承受巨大的风险。在签署《独立宣言》时，他冒着生命危险"背叛"了英国。他知道，对这个羽翼未丰的国家而言，这是正确的选择，而且这番举动必将带来巨大的成就。我们也最好能一直做出正确的选择。不要总是选择容易的事情，因为它并不一定有助于你长期的生涯线。

蜕变 Tips

不要总是选择容易的事情，因为它并不一定有助于你长期的生涯线。

我们也许无法像杰弗逊一样去改写历史，创造非凡的成就，但我们每个人都可以控制自身的生涯线，争取成功。环境会影响你的生涯线，但最终选择生涯线走向的人是你，而不是环境。机会总是隐藏在混乱和变数之中，它会带来发展，发展则带来成功。我们必须去发现并利用这些发展时机。在日常的忙乱环境中有时难以做到这一点，所以你必须思考各种情况，吸取经验教训，其中包括那些颇为消极的情况。

成功是一个循序渐进的过程

奠定坚实的基础，这对于你的生涯线至关重要。你必须培养强大的核心技能，并且不断提高和改善这些技能。成功常常能带来更多的成功。但就算是对于我们的祖先们，成功也不是一蹴而就的，它是一个循序渐进的过程。成功会转化成一股动力，推动更快速的发展。就拿生火举例吧。对我们而言，火非常普通，但我们离不开它。火给了我们温暖，也让我们可以烹饪食物。只有在满足这些基本的需求之后，人类文明才会不断发展。

请记住，尽管火是社会轨迹中最早的一步，但单靠火还不足以实现持续的发展。你可以生出一堆火，让火烧得越来越旺，但最终这并不等同于在生火上取得更大的成功。同样，在职业发展或组织内，同一件事情做得越来越大，并不一定就是好事。我们将在策略 5 进行更详细的探讨。

蜕变 Tips

你必须培养强大的核心技能，并且不断提高和改善这些技能。

数字也是被我们认为理所当然的东西。人类学家认为数字系统的发明是人类从原始社会进入文明社会的至关重要的一步。使用手指来表示数字是最简单的数字系统，但只要是数字系统，就必然能带来许多理想的结果。因为数字可以带来计算，计算又带来了讨价还价，而讨价还价最终带来了经济系统，从而使商品和服务具备不同的价值。这种发展演变让特定的技能和工作得到了溢价。当这些角色收获越来越多的回报时，人们就可以投入更多从而提供更优质的服务和产品。同火一样，数字为更大的发展奠定了基础。

在我们生活和工作的世界里，要运用这些基本原则并不难。这两个简单的例子也证实了简单的开始可以带来成功。在自己的人生和职业生涯中，你必须建立和夯实基础。这些基础能让你做好准备，管理自身的生涯线，迎接成功。正如组织要制定商业战略一样，你也必须为自身的生涯线制定策略。公司只有着眼未来，制订计划，才能取得更大的成功。在阅读本书之后，你也将学会为自己制定策略，但这并不要求你描绘出自己的整个人生道路。你只需要在足够长的时间里提前做好规划，确保自身的生涯线能够朝着目标和理想前进。

生涯线并不是一成不变的

开启自身的生涯线永远都不迟。还记得那个用红色曲别针交换了一栋房子的故事吗？这个故事的开端是凯尔·麦克唐纳（Kyle MacDonald）用一个简单的红色曲别针换来了一支笔，然后又用笔换到了更好的东西。就这样不断交换，他最终成功换到了一栋房子。这个故事让 9 岁的布伦丹·哈斯着迷，于是他也决定使用同样的思路，只是换了一种方法。他发现自己可以利用这种方式来做一件非常有意义的事情。他将一个玩具士兵放到 Facebook 上，想看看人们愿意用什么东西来交换它。他不断交换更好的东西。在几次交换之后，他最终换到了一趟费用全包的迪士尼乐园之旅。正如此前计划的那样，他并没有自己去享用这趟旅程，而是把机会送给了一个在阿富汗战争中失去父亲的小女孩。在得知他的爱心之举后，迪士尼公司也为他提供了一次迪士尼乐园的游玩机会。布伦丹又是怎么做的呢？他再次将这个机会让给了另一位在战争中失去双亲的孩子。请注意，布伦丹年仅 9 岁。在这次行动之前，布伦丹早已经树立了帮助他人的目标。纵然年纪轻轻，他已经有了强烈的使命感和生涯线意识。他不仅实现了自己最初的目标，同时还能在此基础之上扩展自身目标，让另一个人也得到了同样的旅行机会。

生涯线并不是一成不变的，也不应该如此。连续的生涯线如果太平坦，实际上可能会变成一种限制。更实际也是更常见的生涯线会有起有落，这些起起落落没有一定的顺序可言。在职业生涯里，你可能会经历许多次。你的工作内容可能会发生改变，你所在的公司可能会转型，你自己也可能希望做出大的转变，甚至希望进入一个全新的行业。这

> **蜕变 Tips**
>
> 不要为了短期的优势而选择新工作，新工作必须有利于你的职业生涯和生涯线的下一步。

就像是股市，可能在一段时间里平平稳稳，接着短期内出现下跌，然后小幅上扬，或者突然急剧上升。只是我们的生涯线不要像股市一样，在太长的时间里一直处于低谷。在职业生涯里，你应该预见生涯线也会有类似的变化，并且做好准备。阅读本书将有助于你学会如何做好准备，以应对这些情况。

人们常常说，你应该将工作视为一场马拉松，而不是冲刺。事情并不是这么简单。**长期的生涯线和整个职业生涯就是一场马拉松，但一路上仍然会有许多次冲刺。每一步都要竭尽所能，关注当下，但不要因此忘记自己的长期目标。**

短期的职业发展策略将有助于你实现自身的长期目标。不要为了短期的优势而选择新工作，新工作必须有利于你的职业生涯和生涯线的下一步。许多人只着眼于短期利益，并为此放弃未来的发展机会。如果每次跳槽只是冲着更高的收入，这有可能导致你的工作经历就像是一个大杂烩，缺乏连贯性。**换工作本身并不是一件坏事，只要你能够将这些工作“串”在一起，打造出一条你希望得到的生涯线。**

我们总会遇到障碍

本·桑德斯很难过。他滑雪到北极的梦想破灭了，尽管鲜有人能做到这一点。他几乎身无分文。他曾经设想崇拜者会蜂拥而至，在机场欢迎他凯旋，等着他的还有带着电影和书籍合同的经纪人。但这个梦想也破灭了。他觉得这是一场彻头彻尾的失败。然而，他努力过了。他和伙伴已经在通往目标的道路上走了 2/3。他开始考虑采用另一种方式，而且下定决心不放弃梦想。他将再次尝试，并开始进行计划和训练。这次他还要提高难度，独自完成这趟旅程。

在独自前行的过程中，他的进度不断被推迟。他遇到了强劲的逆风和巨大的暴风雪，温度降至零下 45.6 摄氏度。冰越积越厚，他不得不拉着一架雪橇前行，然后再回过头来拉另一架。有时候，为了往前走 1 英里[①]，他不得不来回折腾 3 英里。但他坚持了下来。晚上在必须跨越的冰原上睡觉时，冰原会“带”着他往后漂浮，甚至会“带”着他后退 2.5 英里。早上他不得不花数小时才能赶到之前的位置。但他依然坚持着。在一些地方，冰面上巨大的缺口让他不得不穿上干式潜水服，跳入水中游过去。他在水里拖着雪橇前进，就像是拉着小船一样。而他，依然努力往前走。10 周之后，他到达了北极——完全靠着自己一个人！他是历史上第三位独自完成此番壮举的人，并且比前两位要年轻 10 岁。

① 1 英里≈1.6 千米。

在第一次尝试前往北极之后，本·桑德斯或许可以轻松地宣布自己已经付出了最大的努力，然后不再尝试。但那不是他的做事风格。他已经为自己建立了一条生涯线，而且正在沿着这条生涯线坚持不懈往前走。你的生涯线不一定需要克服这么残酷的物质条件，但不管怎样都会非常艰巨。我们总会遇到障碍。你将从策略 2 中学到，与本一样，你也必须坚持不懈。**逆风而行可能会减缓你的前进速度，但你不能让阻力阻碍自己去实现目标和梦想。**

不要把环境当借口

辛迪和罗恩曾就职于同一个市场营销团队，担任同样的职务，只是加入该团队的时间前后相差两个月。两人都是猎头公司挖来的，而且都是顶级大学的毕业生，资质出众。两人在前一家公司都颇被看重，而他们之所以选择离开，是因为新公司提供了巨大的发展机会，但最终只有一人取得了成功。

开始新工作后不久，他们所在的公司就被另一家公司收购。在这个过程中，新公司大力裁减冗余人员，简化组织结构。当得知上司也被列入第一批裁员名单时，两人都非常吃惊。通过这次收购，新公司的产品组合更加多元化。一方面要掌握市场营销领域复杂的新工作，另一方面又要适应新老板的管理风格，辛迪和罗恩都感到精疲力竭。两人都已经逐渐适应了以前的那位上司，他的离开让他们俩感到非常失望。但辛迪和罗恩对新状况的看法截然不同，而且选择了相反的生涯线。辛迪认为这种变数可以给她机会，让她能以此为起点重新开始。罗恩则变得愤世嫉俗，害怕自己会在下一轮被裁。

新公司正在进行相关并购工作。在这个过程中，辛迪开始对新战略有了更多的了解，逐渐懂得如何发挥积极的影响力。她竭尽所能多认识新领导者，并且征求他们的意见。在这段时期里，她得到了大量的建议，并利用这些建议来进一步打造自己的品牌。她花时间与产品团队相处，了解产品线和过去的营销项目。她与顾客进行交谈，收集他们对公司和产品的看法。在这个探索过程中，她发现自己可以去创造有意义的改变，并为之越来越激动。

罗恩也在拼命工作，却采取了错误的方法。在被问到自己的责任时，他非常抗拒，一心想要保护自己的领域。公司正在快速发展，而罗恩却变得越来越保守。他感觉这样能让其他人更清楚地看到自己在这些领域的优秀水准。他开始强调自己出色的技术能力，当初正是这些能力使他在职业生涯初期就脱颖而出。这些方法在过去曾经取得成功，所以他相信它们在当前这种充满变数的情况下也能行得通。然而，他错了，这些技术背景曾经是他被挖来的原因之一，不过公司挖他的主要原因在于他的创造性思维。可是因为担心没有具体的工作成果，他将这种创造性思维束之高阁。新领导需要员工具有创造力，能够提出新颖的建议，可罗恩没有发现或者说适应这种需求。出于对变化的恐惧，他固守自己的旧方法，没能有所突破，去发现和利用新的市场机遇。他让自己陷入了发展停滞，这也是策略 5 的一个主题。

最终，辛迪制定并提出了新的市场战略，重塑了新公司在消费者心目中的定位。尽管事实上，她的职责范围仅限于单一的产品线。她的建议得到上司的认同，被提交给管理层并得到落实。此外，她突破自身工作范围寻找机会和开展工作的能力也得到了公司的认可，促使她得到提拔，在公司开始了漫长的职业生涯。

罗恩的结局则大相径庭，这点并不让人感到意外。他痛苦了两年多的时间，艰难地面对一些刺耳的反馈信息。他开始对辛迪心生怨恨，因为后者在不断发展，权力越来越大。当公司考虑是否要开除罗恩的时候，他告知公司自己已经找到了新工作。他在一家规模较小的竞争对手处找到了一份工作，但职权比原来小。在离职谈话中，他表示在公司被收购后自己感觉被欺骗了，尤其是在上司被裁掉之后。他还说，他没有得到成功所需的资源和支持。这点显然有点令人费解，毕竟他和辛迪处于同一个团队，做同样的工作。罗恩本可以选择一条更好的生涯线，可他将自己的问题归咎于环境。不要像罗恩那样。**不要把环境当作借口，也不要去依靠环境**。要向辛迪学习。**在变动时期，抓住那些意想不到的时机，并充分利用**。

你的生涯线你做主

每个人的生涯线不尽相同，因为每个人的生活和动机不同。价值观、目标和经历都会影响你的生涯线。回看职业生涯的头15年，玛丽亚谈到了众多重要的里程碑和变化。在图A-1中，你会看到她将自己的职业生涯分成了3段，每段的时间长度不同，对她而言重要的里程碑也不同。根据你在职场和人生中所处的不同位置，你也可以将时间划分成或长或短的几段。

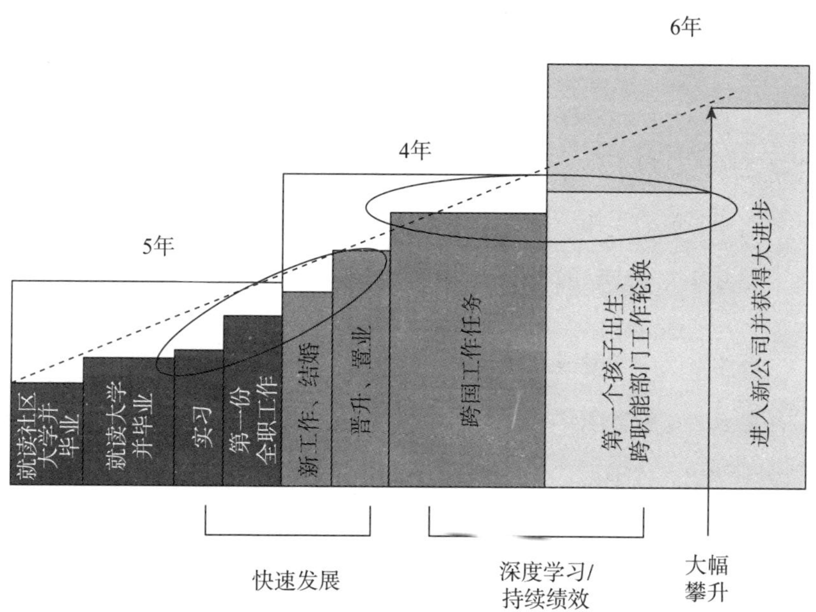

图 A-1　玛丽亚的生涯线

在玛丽亚的生涯线中，你会看到不仅有快速发展和急剧变化的阶段，也有相对平稳的阶段。在每个阶段，你都应该分析自己的处境，思考是否应该修改或延长特定的生涯线。通过这种方式，你能够做好准备并迎接各种机会。机会无处不在，但人们并没有做好准备；或者是有人做好了准备，却没有找到机会。如果你能有效地管理自己的生涯线，就能够既做好准备，又找到机会，而许多人在职业生涯中并没有仔细思考这个问题。

在经历了所有这些阶段和里程碑之后，你应该暂停一下，进行反思，以确保自己所做的是那些重要的事情。不要继续盲目追寻那些意义已经大不如前的目标。也许你曾经希望成为中学校长，但也真心喜欢当前七年级老师的这份工作。那很好。不要因为此前的职业梦想是成为中学校长而放弃当前的工作。你的生涯线你自己做主，这是生涯线最美好的一面。随着环境和志向的改变，生涯线也应发生改变。

玛丽亚在中学时成绩优异，但因为家庭原因，她在高中毕业后的头两年里进入了社区大学学习。不过她一直想转到一所大型大学就读，争取学士学位。她牢记这个目标，获得了副学士学位，平均绩点达到 3.9，而且进入了自己所选择的大学。此外，她还因为成绩优异，获得了高额奖学金。

玛丽亚选择了一个有竞争力的专业，而且在进入大学后，她早早地认定自己必须争取到实习生的机会，以便在毕业后找到好工作。她开始培养与教授们的关系，其中一人推荐她到一家公司实习。这次实习机会为她提供了所需的关系网。在实习期结束后，她成了该公司的全职员工。此后就是一系列的快速晋升以及众多人生大事，其中包括结婚和置业。此后，玛丽亚做出一个重大的决定——接受一份跨国工作。现在回过头来看，那是一段相对平稳期的起点。玛丽亚非常喜欢这份工作，而且在这份工作上的就职时间超过了最初的预期。

在与公司商讨重回美国工作时，公司提出，玛丽亚可以得到提拔，也可以有机会去另一个部门。玛丽亚和丈夫正考虑要一个孩子，于是她做了自己在5年前想都不会想的一件事情：她拒绝了自己渴望得到的提拔机会。这是因为她意识到自己是时候生小孩了，而这点比那些崇高的职业目标和职场发展更为重要。现在回过头来看，她表示这是她做过最出色的决定之一。她如愿以偿地有了自己的小孩，同时在新岗位上也学到了许多东西，并让她意外得到了另一家公司的工作机会，薪酬几乎翻番。在纸上画出自己的职业生涯线时，她惊讶地发现，自己进步最大的那个时期正是生涯线中最平坦的一段。她难以相信，如果不是有那段平稳期，她就不会有当前的工作机会，也无法为这个机会做好准备。此前那份工作帮助她掌握了所需的技能，让她有了成功的信心。我们将在策略4更详细地讨论这种平稳期。

拿玛丽亚的平稳期与此前那段较陡的发展期进行对比，这样做并不难，但却是一种错误的做法。在发展过程中，随着职责不断加大，你在每个阶段所花费的时间也会逐渐增多。当你的职位越来越高，再往上走的难度也就越来越大。这时，你需要继续培养技能，丰富知识，为下一次机会做好准备。在玛丽亚的例子中，后面较平坦的阶段正是经验积累的时期，推动她取得了超出预期的发展。正因为有了出色的管理，她的实际生涯线要比计划的更为出色。在玛丽亚的职业生涯中，每一步似乎都是独立的。但真正的神奇之处在于有意识地提前思考如何将所有这些“串”起来，让每一步都能更好地帮助你为下一步做好准备。同雪花一样，没有哪两段生涯线是一样的，但每段生涯线都绝对是完美的。

失败始终会如影随形

到这个时候，你可能在想是否有可能预防生涯线在某个时刻开始朝下走。意外总会发生。正如我们将在策略 6 中所探讨的，失败始终都会如影随形。有时候只是小挫折，有时候会是大溃败。很显然，失去工作就是一种巨大的失败。在公司合并、企业缩减规模、推行外包时，或者当犯了严重的错误 / 做出了错误的判断时，就可能失业。当然，在失业时，职场生涯线就是往下走的，对吧？并不一定是这样。答案完全取决于你自己，取决于你如何应对这种状况。总的来说，没有人希望失业，失业会带来巨大的压力；但它也能创造巨大的机会，你在其他情况下可能没法得到的机会。

我的朋友凯茜曾经负责机构重组，代表公司解雇了数百名员工。在这项工作结束后，老板对她的成绩夸赞了一番，然后告诉她，她的这个岗位也要被取消。在整个裁员过程中，凯茜目睹了许多人听到这条坏消息时的反应。现在，她也要决定自己应该怎么办了。

多年来，她一直念叨着想做护士，但未能下定决心放弃这份高薪工作，回到学校重新学习。现在被解雇了，她终于可以放弃这份工作了。她的第一反应就是怨恨老板。她感觉老板和公司忘恩负义，罔顾自己所做的工作。她甚至考虑过起诉他们非法终止合同，还认真考虑过竞争企业提供的工作机会。但我认为她选择了最好的道路，即追逐自己的梦想。当然，她在职场生涯线上并没有规划自己被解雇这件事情。但现在，她将被解雇视为职业生涯中最好的事情之一。如果没有这件事情，她可能永远不能建立自己真正的职场生涯线。

肯曾经担任公司副总裁，而且在那家公司工作了 20 多年。他也意外地失去了那份工作。他在业内认识许多人，但多数人认为他在一家公司工作的时间太长，导致他的技能无法迁移。可事实并非如此。在整个职业生涯中，他已经培养了一系列技能。在公司工作期间，他一直积极参与外部团体和董事会工作。他也是一位出色的学习者。在被解雇后不久，他就开始为几家非营利性组织提供无偿服务。他也重新进入就业市场，寻找工作。肯表示，那些无偿服务让他感到活力充沛，而这也是多年来没有的状态。他参与的项目正是内心所喜欢的。这种热情一直保持了下去，为他在另一家公司争取到了一份高管的新工作。同凯茜一样，肯告诉我，如果不是因为被解雇，他就不需要从头开始，也就永远不会找到那份新工作。在被解雇之前，他甚至从未动过跳槽的念头。

不管是凯茜还是肯，他们面对逆境反而变得更强大，过得更开心。他们俩的应对方式有所不同，但态度都非常积极。在这个过程中，他们阻止了自己职场生涯线的下行。他们将那段经历当作学习的机会，并把它视为一种跳板。本书并不是想说被解雇是件好事，也不能解决你被解雇时要面对的各种问题。但如果你的确处于这种状态，就必须有信心战胜它，仍然把控自己的职场生涯线。事实上，对所有失业的人来说，这是最重要的时刻。

TRAJECTORY

蜕变轨迹

1. 生涯线并不是一成不变的，也不应该如此。连续的生涯线如果太平坦，实际上可能会变成一种限制。
2. 长期的生涯线和整个职业生涯就是一场马拉松，但一路上仍然会有许多次冲刺。每一步都要竭尽所能，关注当下，但不要因此忘记自己的长期目标。

3. 换工作本身并不是一件坏事，只要你能够将这些工作“串”在一起，打造出一条你所希望得到的生涯线。
4. 逆风而行可能会减缓你的前进速度，但你不能让阻力阻碍自己去实现目标和梦想。
5. 不要把环境当作借口，也不要去依靠环境。在变动时期，抓住那些意想不到的时机，并充分利用。

TRAJECTORY

职场演练 | 绘制你的 10 年职场生涯线

要完成本练习，你必须回顾自己过去 5 年的人生历程，然后再展望未来 5 年的生活。首先，写下过去 5 年你在职场和生活中所经历的各种大事。有哪些重要的里程碑？你是否也曾经遇到过逆境？为什么？你从那些阶段中学到了什么？现在，让我们往前看，列出你在未来 5 年里希望实现的重要里程碑。如果还没有想过这个问题，那么现在就是开始思考的时候了。要实现自己的 5 年目标，必须培养哪些技能？你需要搭建哪些关系？你需要克服哪些障碍？现在轮到一件好玩的事情了：将所有这些信息综合在一起，参照图 A-1 绘制一张直观的 10 年职场生涯线（5 年前加上 5 年后）。

TRAJECTORY

7 CAREER STRATEGIES

TO TAKE YOU FROM WHERE YOU ARE TO

WHERE YOU WANT TO BE

策略 1：接受真话，寻求深度反馈

反馈是冠军的早餐。

——肯·布兰查德

要打造并维系一段牢固的生涯线，最简单的方法之一就是积极地征求反馈信息。所谓反馈信息，指的是尖锐的反馈、真正的反馈，而不是那些不痛不痒的话，或者是让你自我感觉良好的陈词滥调。在职场中，你应该不断寻找那些嘴下不留情的人。明知会听到好话再去请他人提供反馈信息，这非常容易做到，这种情况也很常见。明知对方可能对你提出批评还坚持请他提意见，难度就要大很多。但这种反馈信息最为宝贵，可以让你知晓自己的缺点。这些信息能帮助你找到改正缺点的道路。你必须培养征求反馈信息的习惯，现在就开始吧！

> **蜕变 Tips**
>
> 在职场中，你应该不断寻找那些嘴下不留情的人。

此外，征求反馈信息的简单举动能够推动你前行，前提就是你能以积极的态度来对待这些反馈信息。这样也能体现出你有兴趣不断学习，提升自我，改进绩效，从而进一步推动公司和自身的发展。**领导者喜欢成**

功，也喜欢成功的故事。通过接收反馈信息和进行积极的改变，你将成为成功故事的主角。我曾经多次听到别人谈论公司员工，这些被谈论的员工非常相似，不过其中某一人更受重视，原因就在于他喜欢征求反馈信息。

在本章中，你将学习征求和接收反馈信息的方法。表面看来，征求反馈信息是一件颇为简单的事情，但实际上可能令人望而生畏，甚至为之却步。如果你不确信自己会听到什么话，或者害怕征求反馈信息会被视为弱小或不安的表现，那么难度尤甚。要获得切实有用的反馈信息，即深度反馈（deep feedback），首先就要掌握征求意见的方法。人们之所以从未得到深度反馈，通常是因为在征求意见时进错了大门。作为被反馈方，你必须懂得如何避免那些常见的错误。这些错误会因为你对深度反馈的反应而轻易出现。深度反馈就是说真话。如果没有这些真话，你就会更加难以发现自身的弱点并加以改正。只要明白尖锐的反馈的确是实话实说，那么你就能改正自身弱点，甚至将弱点变为优势。

学会提问

最致命的错误之一就是认为自己知晓所有的答案。你必须明白，寻求帮助就会被视为软弱的那个时代已经一去不复返了。最出色的领导者也会积极地寻求帮助，从而获得至关重要的见解，帮助自己培养技能，规划职场生涯线。人们常常会曲解什么是真正的反馈。反馈并不是说“做

> 蜕变 Tips
> 最重要的一点是，你必须让对方感觉可以对你讲真话，无须加以掩饰。

得不错”，也不是希望对方表扬自己。这只是表面反馈（surface feedback），与深度反馈是相对的。尽管在表现不错时能得到表面反馈也很重要，但它并不能给你建设性的改进指导。在本章中，我们将讨论如何提出需要加以思考才能回答的问题，从而获得至关重要的信息。这些信息虽然尖锐，却是成功所必需的。为了能获得宝贵的反馈信息，你必须培养强大的内心，接受可能听到的各种意见。最重要的一点是，你必须让对方感觉可以对你讲真话，无须加以掩饰。

我的朋友道格在一家《财富》100 强公司工作。在公司的两年时间里，他以善于完成任务而出名。他同时还因自负而出名，只是他自己并不知道。遗憾的是，大家过去给他的仅仅是表面反馈。“道格，水星项目干得不错。”“道格，你在 6 个月之内就成功推出了新产品，难以相信。太棒了！”道格认为自己做得很出色，这点可以理解。但表面之下也潜伏着问题。他就职的公司要求每位经理每隔几年要接受 360 度评估。360 度评估中会请一系列人员提供反馈意见，其中包括同僚、上司、下属和客户。道格认为自己能得到非常振奋人心的反馈，于是兴奋地等待着肯定的评价，并相信此后必定能得到提拔。但在收到评估结果后，他感到羞愧难当。

道格拿到手的不是一连串的赞扬，而是较低的评分和刺耳的评语，这让他难以“消化”。他难以相信这就是对自己的评估结果。他开始回想过去两年的情况，却怎么也想不起具体哪些事情可能会导致自己得到这般反馈意见。他就评估结果找了一位职场教练进行咨询，后者建议他与参与360度评估的每人单独交流。此外，他也建议道格在面对面的交流中要允许同事们给他最坦诚的反馈信息。允许他人保持坦率，这点极为重要。除了直接上司之外，很少有人能因为对你保持坦率而从中获利。事实上，许多人不愿意冒风险给他人反馈信息，因为这样做通常没有太多好处。道格听从了教练的建议，而此后所经历的一切改变了他的职业生涯。

他首先找到了安东尼奥。安东尼奥是另一个部门的负责人，他与道格在跨职能部门的项目中打过多次交道，而且他们之间的合作相当愉快。在这次交谈中，安东尼奥所讲的东西让道格大开眼界。两人对话如下：

道格：安东尼奥，谢谢你和我见面，而且也谢谢你参加我的360度评估。我在许多方面得到了大家的肯定，其中包括按时执行项目。但在360度评估中，有许多人表示我的处事风格让人感觉盛气凌人，甚至是自负。我希望能得到你直率的反馈信息。你的意见对我而言非常宝贵，因为我可以根据这些意见来加以改进。

安东尼奥：道格，这真是个难题。你在完成分配的项目上表现得的确不错，但你在与我的团队打交道时的确存在一些问题。你从来不给他们机会提出自己的观点，而是直接跳过他们说自己的看法。你的看法也许是正确的，但我的团队认为你忽视了他们，喜欢表现自己有多么能干。他们感觉你并不愿意倾听他们的想法。

道格：哦，我从未想过他们有这种感受。你此前为什么不告诉我这些呢?

安东尼奥：你从来没有问过我呀。我最关心的是项目能否取得成功，而且我也的确认为你的老板早已经告诉过你这些，所以我不想干涉。

道格：但，但我从未听老板提起过这些……

道格犯了一个大错。他曾经认为自己各方面表现出色，即使不征求意见，大家也会给他反馈。但他的老板并没有亲眼见到项目团队中其他人所经历的一切。如果道格早点征求反馈信息，也许就能在负面评价传开之前加以改正。然而，难能可贵的是，道格在教练的建议基础之上还多做了一点。他开始懂得自己的行为会给他人那般感受，并且发誓加以改正。他与那些和自己打交道的人一一碰面，坦诚地讨论未来的合作方式。这些人非常欣赏他的直率，道格也幸运地重新找到了立足点。多年后，道格还记得那次 360 度评估给他的沉重打击，但也让他警醒。自那之后，在执行各种项目时，他会在不同时期征求他人的反馈意见。广纳谏言并加以改正的做法让他成了各种会议上的榜样人物。他笑着说："我现在常常被当作典范，这很不错。但糟糕的是，我曾经让自己落得那般地步。"

克服抵抗情绪，看见"大猩猩"

许多人固执地认为他们非常清楚自身的长处和短处，他们所了解的就是事实。就整体而言，或者在一些无关痛痒的领域内，我们肯定可以做出这种判断。但在评估特定的技能和素质时，事情就并非如此了。例如，经理可能知道自己吉他弹得不好。但在职场方面，他可能会错误地认为人们和他合作非常开心。这点很简单，因为就自身技能而言，人们并非是称职的评委，尤其是对待他们并不擅长的技能。找10个人来问问，他们是否认为自己的驾驶水平要高于平均水平。其中至少有7人可能会做出肯定的回答。再找10人问问，他们在为人父母方面是不是也比普通人做得好。其中至少有8人可能会说"是的"。但很显然，不可能所有人都高于平均水平。此外，人们发现，相比于普通人，高智商的人更难意识到自己的弱点。下次当你认为非常了解自身的优势和劣势时，就想想这些例子吧，由此也就不会再认为没有必要征求反馈信息了。

为了进一步说明我们自身的感觉和他人的感觉之间存在着多大的差距，我们用绩效评估为例。有研究显示，人们在给自身绩效打分时都

> **蜕变 Tips**
>
> 在与老板进行对话时，不要过多关注你所得到的评分，而要力争得到自己所需的深度反馈。如果你看淡了数字和分数，也就为自己敞开了大门，去接收实用的真实反馈。

表现得极为糟糕。在许多研究中，自我评分和经理评分之间的差异如果不大，那就是最好的情况了。不少公司仍在继续运用这种评估方法，原因很大程度上在于它让人们自我感觉良好。可事实上，自我评分会让人们无法接收重要的反馈信息，而这些反馈信息又是人们获得发展所必不可少的。在与老板进行对话时，不要过多关注你所得到的评分，而要力争得到自己所需的深度反馈。如果你看淡了数字和分数，也就为自己敞开了大门，去接收实用的真实反馈。

有时候，某些东西显得太不起眼，为此你甚至认为不需要任何反馈。这可能会带来负面影响。康胜啤酒公司（Coors Brewing Company）就有一个很好的反面案例。

> 康胜啤酒公司希望能扩大其广告宣传语“尽情释放”（Turn it Loose）的宣传范围，于是将这句话翻译并投放到西班牙市场。遗憾的是，翻译后的意思变成了“喝上一杯康胜，体会腹泻的痛苦”（Drink Coors, suffer from diarrhea）。康胜啤酒公司当然明白这次宣传活动非常重要，从其制作和投放广告的预算就可以看出这点。

但它并没有向目标国家的双语人员征求反馈意见，而这些人才是最了解目标市场的人。如果此前花几分钟征求反馈意见，就可以避免此类尴尬的产生。

这个例子有点好笑，但其中蕴含的道理放诸四海而皆准。小心，一叶障目，不见森林。不要以为自己什么都懂。

人们会轻易就对反馈信息不屑一顾，这并不只是因为不认同反馈意见，同时也是因为其他事情在当时似乎显得更重要。当出现这种情况时，反馈意见的重要性通常事后就会浮出水面，而那时候就会以问题的形式出现。星巴克董事长兼首席执行官霍华德·舒尔茨（Howard Schultz）就遇到过这种情况。多年来，星巴克一直注重连锁店的发展。星巴克增长迅速，而那些可能影响扩张速度的反馈信息都被忽略了。在卸任 8 年之后，舒尔茨重返星巴克，担任首席执行官。这一次，星巴克配送网络再次出现问题。此前他听说过对该公司供应链组织（SCO）的抱怨，但他只是要求必须保证将产品送到门店，并没有下令进行必要的投资来解决潜在的问题。现在，他将这种疏忽作为一个例子，以说明那些存在明显行动需求的问题会如何被人们所忽视。供应链组织并非他最关心的业务领域，所以也就没有投入必要的精力去建设该组织。在重返公司后，他发现供应链组织的混乱情况更甚，该组织甚至影响到星巴克门店的产品配送工作。最终，他成功解决了这个问题。但如果最初采取行动，或许就不用付出那般巨大的努力了。从中我们得出了一条教训，那就是“小决使导”。

在成功期间，对反馈信息不屑一顾的情况可能会更加严重。不要让成功阻碍你去征求反馈信息。如果不小心，成功本身就会变成最大的障碍，让你难以发现和克服。切记不仅要关注那些此前未知的反馈信息，同时还要留意那些被自己回避或忽视的已知反馈信息。**尤其要注意那些与自身缺点相关的反馈信息，因为其他领域的成功可能会掩盖这些缺点。**

如果不积极去征求和采纳反馈信息，就会受限于有限意识（bounded awareness）。马克斯·巴泽曼[①]和多莉·丘格（Dolly Chugh）在其刊登在《哈佛商业评论》上的文章中解释了人们会如何根据自身意识来判断什么是正确的。人们通常只关注显而易见的地方，并不会使用所有可用的信息，因此他们的改善能力将受到影响。我们倾向于关注那些非常显著的具体信息，却错过其他可用的信息。为了说明这点，巴泽曼和丘格举了一个非常著名的实验为例。在实验中，人们被要求观看篮球视频，并被问到视频中的传球次数。几乎所有人都全神贯注地观看视频，数着传球次数，以至于没有注意到有人扮演大猩猩从球场中间穿过！参与者都数对了传球次数，但错过了太多东西。在工作和生活中，不能太过于关注一件事情，从而连中间的“大猩猩”都看不到。

---

① 马克斯·巴泽曼（Max Bazerman）和迪帕克·马哈拉（Deepak Malhotra）著有《哈佛经典谈判术》，此书中文简体字版已由湛庐文化策划，浙江人民出版社出版发行。——编者注

保持客观，在乎他人的感受

征求反馈信息听起来相当容易，也就是请另一个人提建议和意见，对吧？错！请他人提意见相对比较容易，但此后，你会听到那些未加粉饰的真话。这就是考验自己的时刻了，你的反应至关重要。不要为那些建议找理由，或者是辩解；不要责怪他人；不要生气。如果你的反应是那样，他人有可能不会再给你真实的反馈。你该做的就是接收反馈信息，然后思索。切记，这个人的观点非常重要，否则你不会第一个就去找他征求意见。如果听到那些意见后不是太明白，那么就去问清楚，请对方举出具体的例子。如果反馈信息很难听，那么谢谢对方，然后自己去“消化”。不要有任何抵触的举动，只有这样，才能让你针对反馈信息进行反思，然后某天回过头来再继续讨论。

> **蜕变 Tips**
>
> 不要为那些建议找理由，或者是辩解；不要责怪他人；不要生气。如果你的反应是那样，他人有可能不会再给你真实的反馈。你所需要的就是接收反馈信息，然后思索。

面对反馈信息，人们可以有两种反应：建设性反应和破坏性反应。人们常常提到要接收建设性反馈信息，但只有在面对反馈信息时采取建设性态度，这些意见才会真正起到作用。然而，人们常常背道而驰，导致本意很好的反馈却适得其反。建设性反馈信息反而变成了破坏性事件，这算是最糟糕的意见反馈了。如果犯了这种错误，本来大有裨益的会面很快就会变成怨恨的滋生地。

杰夫曾经是我的手下，他的表现相当出色。他有一种好方法，能够在接收反馈信息时避免做出破坏性反应。面对比较尖锐的反馈信息，他会非常认真地倾听，可能也会提出些许问题来进行澄清，然后只是简单地说“谢谢你的反馈信息”。他会在数天后回来，询问我们是否可以进一步沟通。杰夫需要时间来处理信息，然后再做出反应。这种做法对他而言非常重要，因为他不想面对反馈信息时冒险做出抵触的反应。杰夫会花时间思考听到的反馈信息，然后带着问题，也带着自己的计划回来，为的就是充分抓住这次机会。由此，杰夫能够以建设性方式来处理反馈信息。

杰夫所采用的方法就是客观对待反馈信息。在听到反馈信息时，一定不能过于主观。切记，反馈的目的并不是要赢得人气，而是要改进自身绩效。为此，你不能主观地对待反馈信息。在澄清时你必须做到坦诚，但也必须避免对立的心态。

让我们以杰里米为例。他采用了另一种方法，将反馈变成了破坏性行为。在绩效评估时，上司与他进行了谈话。他本来打算借此获得部分具体的改进机会。在评估过程中，上司建议他找同事阿兰娜聊聊，两人此前在众多项目上有过合作。在阿兰娜向他提出建议并举出具体的例子时，杰里米不客气地打断她说：“我不知道你为什么老提那件事。你什么时候才会忘记我们曾经未能按期完成阿特拉斯项目呢？”于是，双方的谈话很快就开始走下坡路。杰里米没有客观地分析如何在未来避免同样的错误，而是反应激烈，使阿兰娜颇为尴尬。在向我转述这个故事时，阿兰娜表示自己未来将尽可能避免向杰里米提供反馈信息，这点并不让我感到意外。杰里米不仅错失了改进的重要机会，同时也切断了一条未来的反馈之路，并可能破坏了一段良好的合作关系。

另一个例子让我更有切身体会。当时，我为同事希拉提供反馈信息，帮助她改进与高管沟通的方式。你知道希拉当时是什么反应吗？“什么？我此前从没听谁这么说过，所以我觉得自己没有必要改变风格。”她的反应让我决定对她关上反馈的大门，以后再也不向她提供反馈意见。不过，这次谈话最终的结局还算不错。在经过一番思考后，她又询问了其他人的意见，并且得知大家普遍持有与我一样的观点。如果希拉在面对反馈信息时不过于主观，不过于抵触，或许也就不会让我那么难受了。此外，与道格一样，希拉也错误地认为，因为此前从未听到过任何反馈信息，所以一切肯定都没有问题。现在，你应该明白了，千万不要再有同样错误的想法。

希拉的反应也给了我们另一条经验教训，即留意他人的感受。即使你坚决不认同他人的观点，他人的感受依然重要。“好事不出门，坏事传千里。”如果你毫不在乎他人的感受，“恶名”很快就会传播开来。你需要问一些明确的问题，请他人举出具体的例子，然后努力改变那些在你看来错误的印象。

征询导师，多听少说

收集反馈信息的最佳方法之一就是征询导师。导师能够为你提供一条向他人学习的快速通道。如果有人的工作正是你梦想的，或者说你正在朝着他的岗位前进，那就去找他们吧。你要培养彼此之间的关系，获得他们的真知灼见。他们能取得今天的这番成就并非完全靠运气，一路走来肯定有许多的经验和教训，这些都是无价之宝。如果有机会考取证书、参加培训或者参加其他组织的活动，首先就要找一位知识渊博、做事细心的导师。这样做对你大有裨益，最大的好处就是导师能就你的表现提供中肯的看法，你由此也能更轻松地确保自己在接收反馈信息时保持客观的立场。

不是只有高级员工才能做导师。就算是导师，也会有他们自己的导师，包括首席执行官在内的高管同样也有导师。成功的领导者并非为了找导师而找导师，而是深谙导师所能创造的价值。有意义的反馈信息被他们视为一种礼物，由此也让导师成了天赐之物。如果目前可以，那就回报这种礼物，成为他人的导师。指导关系对被指导者而言价值连城，对导师本人而言也是如此。在监督他人的过程中给予对方建设性的反馈信息，并且对被建议方的反应做出适当的回应，这也能让导师受益匪浅。

关于指导，常见的错误观点认为这是一种单向关系，导师只能是组织内级别较高的人员。但事实上，你可以从许多“导师”处学到东西。

> 亚历克斯是一家中型企业的经理，他有位导师是自己以前的同事。这位导师是一位高级领导者，和亚历克斯在同一个职能部门，曾大力协助他获得发展。然而，亚历克斯为自己规划了职场生涯线，他希望在未来 2 ~ 3 年里能换到另一个职能部门。他的做法可能会让一些人感到吃惊，不过的确是争取职业发展的好方法：他找到了另一位导师，这位导师比亚历克斯级别低，但他来自亚历克斯想要去的职能部门。这种指导方式让他得以掌握至关重要的知识，帮助他做好了准备，最终成功地跨入了那个部门。

另一种有效的方法就是参与或领导一个导师圈（mentor circle），从而获取反馈信息。在导师圈里，个人能组织有多人参加的指导活动。这种方法可以让群体充满活力，拥有探讨业务挑战的良机。由此，许多人可以同时向领导者学习，而不是一对一地互动。此外，这也是领导者向他人学习的好机会，可以针对各种业务情况征求多元化建议。

导师和其他人能为你的职场发展提供指导，但你必须考虑自己这样做的目的。你的目的不应该是通过他人来取得成功。是的，别人能帮助你，但不要指望靠他们来创造成功。你应该投入更多的时间来创造。**拥有导师的目的是获得宝贵的真知灼见，取得职业生涯的发展，而不是寻找裙带关系**。这其中的差异听起来很微妙，但事实并非如此。你在寻找导师时不能仅仅希望这人能够帮助你谋得另一份工作或提拔你。如果能这样，固然很好，但那只是“副产品”。寻找导师的目的应该是请他们传授智慧和学识，真正重要的就是这些智慧和学识。企业会发生变化，领导者会有所变动。如果不是向导师学习，而只是利用这人来谋求裙带关系，那么当这人离开公司时，你可能就会因此浪费大量宝贵的时间。

有了导师之后，你的主要目的应该是学习。这就要求你培养自身技能，成为优秀的倾听者。不要急于成为专家或事事发表意见，这样你才能从他人处学到东西。古罗马哲学家爱比克泰德（Epictetus）有句名言：“你有两只耳朵，但只有一张嘴，所以多听少说。”在与导师进行对话时切记这句话。重要的不是表现出你懂多少，而是展现你的倾听和学习的能力。

充分利用反馈信息

许多企业因为人力资源有限，在发展战略上存在一定的局限性。它们有发展的财力，却缺少人才。你应该充分利用这种情况。In-N-Out 汉堡公司（In-N-Out Burger）慎重地决定，开设新店的速度绝对不能超过其培养优秀餐厅经理的速度。我们将在策略2做更为详细的探讨。通过积极地征求反馈信息，你能够获得一定的竞争优势，领先那些不征求反馈信息的人。**世上一切都是公平的，而你能做的最棒的事情就是通过征求反馈信息来获得一定的优势。**如果你能征求反馈信息，而另一位员工做不到，那么你就能抢占先机。除了就自身发展征求反馈信息之外，你还必须做另一件事情：你必须树立自己在他人心目中的形象，让他人看到你重视自己的职业和公司的发展。你征求他们的意见，为的是取得更出色的绩效。你们之间的关系借此得到进一步的培养，而为你提供反馈信息的人将更多地为你进行宣传。征求反馈信息能带来这么多的好处，而这种行为竟然不是那么普遍，这点实在让人百思不得其解。积极地征求反馈信息，做好准备收获它给你带来的好处吧！

征求反馈信息的最佳时机通常是在不经意间出现的。或许你理所当然地认为自己不存在某些问题。自信非常重要，也是一种值得称赞的优点，但不要让自信阻碍你征求他人的建议和意见。简付出了一定的代价才懂得了这个道理。她在目前的岗位上工作了近一年半的时间，非常喜欢自己当前的工作。她的目标不是换到其他部门，而是在当前的岗位上获得提拔，承担更多的责任。公司有一套申请在岗晋升的流程，于是她抓住了这次机会。当时，她的绩效相当出色，而且共事过的人在评估中都对她大加赞赏，但简并未能得到期待中的晋升。

怎么回事？简曾错误地认为晋升流程只是走过场，凭借人人皆知的出色表现，这次晋升是铁板钉钉的事情。遗憾的是，简的判断出了错，导致她未能充分利用那些积极的反馈信息。参与晋升评估流程的人此前也认为她会表现得很好，所以当得知她在评估过程中磕磕绊绊时惊诧不已。在上司宣布坏消息时，简非常惊讶，因为她曾经认为自己在这个流程中表现得很好。

简从中吸取了教训，懂得无实际根据地假设是一种鲁莽的做法。在晋升评估流程的核心部分，简未能把握重点，犯了错误。如果简停下来问个简单的问题来弄清楚重点，也许就能轻松地完成该流程了。她本可以弄清楚所有感到困惑的地方，取得更好的评估结果，这一切只需要她简单地问一句："我从 3 个方面来准备晋升评估流程。我所关注的这 3 个方面是否正确，我是否还应该考虑其他方面？"

简从中吸取了教训。后来，当晋升机会再次摆在她面前时，她表现得极为出色。她也对自己第一次未能提出那个简单的问题而深感遗憾。在最近的一次谈话中，简说："我难以相信他们竟然不提拔我，因为我的业绩那么出色。但我也知道，他们别无选择。这次经历告诉我，不应该把结果当作理所当然的东西。现在我时刻牢记这条教训，让自己能做得更好。"

不要只往上看

不要只向级别比自己高的人征求反馈意见。**有些最出色且最具见解的反馈信息来自同事，甚至是下属。**这些人与你打交道最多，所以不要低估他们的反馈信息的重要性。尽管上司能直接决定你在职场的下一步，但其他人也会有巨大的间接影响力。例如，他们能提前告知你哪些领域需要得到发展。他们会比你的上司更早注意到这些领域，由此为你提供绝佳的机会进行调整。同样，正如亚历克斯的故事所显示的那样，另一种有效的方法就是征求其他部门的同事的反馈信息。这些同事所关注的可能是企业的其他职能，所以也会拥有不同的视角。

这点也适用于寻找导师。你选择的导师必须拥有你希望获得的那些经验。不要只是想着找一位级别更高的导师。能找到公司领导担任导师自然是好，但你必须考虑所得到的反馈信息是否会脱离自己理想的职场生涯线。寻找那些发展道路与你所追求的职场生涯线相类似的人。或者是寻找那些与你业务职能相关的人，他们能为你提供独特的见解，帮助你在岗位上提高效率。这是一条让你脱颖而出的捷径。

> **蜕变 Tips**
>
> 一条让你脱颖而出的捷径：寻找那些发展道路与你所追求的职场生涯线相类似的人。或者是寻找那些与你业务职能相关的人，他们能为你提供独特的见解，帮助你在岗位上提高效率。

你必须明白，具体的工作本身也

是一台巨大的反馈机器。环顾四周，你会找到很多不同的反馈源。你将在策略 5 了解到，要保持自己的职场生涯线，跟上快速的发展节奏是必不可少的。从图 1-1 中你能看到，工作是职场环境的核心，但还有其他必须加以利用的资源。如果能综合利用该反馈信息圈中的所有资源，你将发现它们的覆盖面要远远大于你的工作范围。不要忽视其他领域人员所给予的反馈信息。充分利用这些反馈源，你将快速学习和掌握必要的新技能，不断沿着自己的职场生涯线发展，领先于他人。

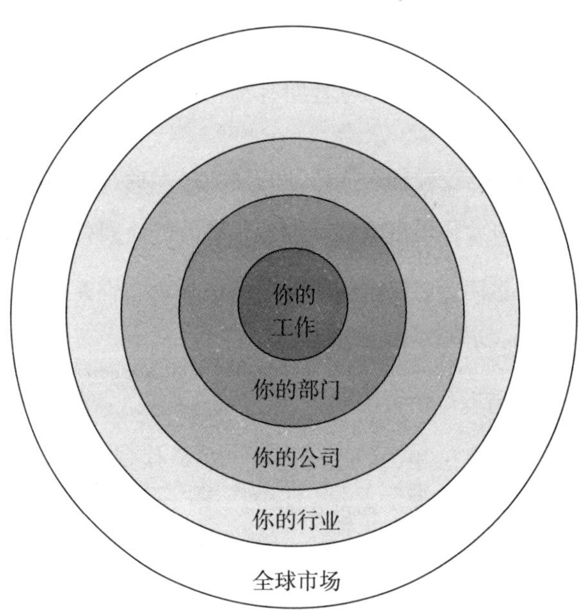

图 1-1　反馈信息圈

既观察行为，也观察结果

另一个获取反馈信息的好方法就是观察，既观察行为，也观察结果。沃尔玛创始人山姆·沃尔顿（Sam Walton）就是一个很好的例子，他以善于向他人学习而闻名。他甚至表示，他不耻于向竞争对手学习，在参观竞争企业时，他会去发现出色的做法，然后据此来建设和打造自己的门店。他明白没必要再去做一些重复的工作。然而，我认为在追求目标时，这种做法并不够谨慎。不过，山姆·沃尔顿所效仿的是竞争对手做得非常出色的地方，他希望借此来改进自己。他也发现，现场的体验式学习是没有其他方法可以取代的。

在讨论学习的最佳方式时，许多公司和学者会使用 70：20：10 的比例数字。这个数字是指花在各种不同形式的学习方法上的时间比例。70% 的时间应该花在体验式学习上，即进入真实的环境，通过行动来获得实时的反馈信息；20% 的时间应该用来进行观摩学习，即观察他人怎么做事，从中加以学习；最后 10% 就是接受教育，也就是通过正规的课程和培训来加以学习。从这个比例可以看出，体验式学习和信息反馈是无可取代的。如果可能，你应该将至少 3/4 的学习时间花在这种学习方式上。

心理学家将这种学习方式称为心理逼真度（psychological fidelity）。逼真度高即意味着与真实的环境非常相似。山姆·沃尔顿在参观商店时，就正是进行高逼真度的学习。进行高逼真度模拟培训的银行柜员会模拟上岗后与顾客打交道的方式。飞行员的飞行模拟器也必须拥有极高的逼真度，能够确保飞行员在培训中经历实际飞行中可能会遇到的最现实的情况。通过寻找体验的机会，你能够创造更高的逼真度，由此积累能在实际工作中进行转化的知识和技能。通过这些在一定环境下的体验，你能够就如何做得更好获得实时的反馈信息。

关注无意识的信息反馈

人们非常关注如何通过信息反馈和其他机制来积极地（即有意识地）向他人学习。但对无意识的信息反馈（unconscious feedback）的关注度则远远不够。许多人并没有意识到信息反馈不仅是一种学习机制，而且是一种至关重要的学习机制。你能随时随地得到信息反馈。反馈信息在你身边无处不在。有了无意识的信息反馈，你可能不经意间就在进行学习。一个很好的例子就是那些牙牙学语的小孩，他们并没有意识到自己在学习，只是在听到身边人说话时会无意识地学习只言片语。

阿尔伯特·班杜拉（Albert Bandura）博士进行了一个经典的心理学研究，该研究让我们看到，人们能通过观察他人轻松地进行学习，而且一些事情在这个过程中会迅速变得根深蒂固，甚至在无意间也是如此。班杜拉希望能更好地了解人们如何进行学习，以及人们会如何受到他人的影响。为此，他进行了一项颇具创造力的研究来验证自己的假设。实验的核心内容是一个1.5米高的波波玩偶（波波玩偶通常就是一种充气玩偶，你可以去推、去打、去踢，它倒下后立刻就会弹回来）。孩子们单独待在一个房间里，房间里还有一名成人。作为实验的一部分，该成人会模拟一些行为，看孩子们会做出什么反应。在一些情况下，该成人会对波波玩偶表现出颇具攻击性的行为；而在其他情况下，他的行为并不具有攻击性。此后，每个孩子会被带入另一个放有玩具的房间。这些玩具本身既有攻击性的，如波波玩偶、棒槌、小钉板、镖枪等，也有非攻击性的，如茶具、蜡笔、毛绒动物等。

班杜拉发现，身处一定的环境并对他人进行观察，会对此后的行为产生强大的决定作用。那些看到成人攻击性行为的孩子后来有机会与其他玩具相处时也会有类似的行为，其中包括攻击波波玩偶。而如果孩子们没有看到攻击性行为，就会温柔地和玩具一起玩耍。

鉴于你与同事们相处的时间可能要多于同家人、朋友共处的时间，所以无意识信息反馈和其影响力都相当重要。要想了解无意识的信息反馈会如何快速且轻易地影响你，在工作中尝试做一个简单的实验。下次，当你与一小群人待在一起时，看着自己的手，感叹自己的食指更长或无名指更长，例如说“真奇怪，我从未注意过，我的食指竟然比无名指长”。在你举起手这么做之后，其他人很可能就会看着他们自己的手。尽管这些手指的长度无可比性，或者说从科学角度来说并不重要，但人们会禁不住看看自己的手来对比一下。

无意识的信息反馈是通过观察他人的行为举止和身体语言获得的。耳听八方，眼观六路，这种能力可以让你实时了解哪些行为和语言会让他人产生共鸣，而哪些不行。你不仅能在无意间加深对自己的了解，也能够从他人的无意识行为中加以学习。例如，大会上的听众或参与者可能会无意间提供线索，让你知道他们感觉演讲是生动精彩还是枯燥乏味。内行的演讲者会马上注意到那些线索，然后进行相应的调整。反馈的线索可能非常微妙，例如脸上露出疑惑的表情，也可能非常明显，例如人们在你发言时聊别的话题去了。

正如我们在反馈信息圈（图 1-1）中所看到的那样，反馈信息无处不在。你的任务就是直接征求或通过观察来找到这些反馈信息。找到正确的反馈信息，这将帮助你发挥自己的优势，改善他人眼中的缺点。但不管什么时候，人们都有太多的事情要做，所以轻易就会忘记要花时间去征求反馈信息。如果忘记去征求反馈信息，很可能就会走上一条错误的道路，最后不得不折返。你可以将反馈信息当作指南针，为了让自己不发生偏离地沿着职场生涯线前行，你要常常正确地使用该指南针。

但不要将反馈信息和建议混为一谈。正如我们此前所探讨的，反馈信息是基于他人对你的感知，因此是你必须加以考虑的现实情况。但建议是供你在决策过程中进行考量的信息输入。一方面，假设你就自身绩效征求他人的意见，并且得知他人感觉你在团队合作方面表现糟糕。这就是反馈意见。不管你赞同与否，这就是他们的看法，而且如果你不尝试去解决这个问题，这些意见就可能会影响到你们之间的交往。另一方面，假设你正在就制定新产品战略征求他人的看法。人们看待该产品的角度可能与你不同，但能为你提供一些可以考虑的视角。他们所提供的信息就是建议，最终要由你来决定是否接受这些建议，改变或改进自己的策略。

不过，反馈信息和建议都是至关重要的。其关键区别就在于它们对你的长期影响和短期影响，而这种影响又基于你对反馈信息和建议的态度。如果你对反馈信息无动于衷，那么他人可能认为你拒绝改变，不愿发展。如果你不听从他人的建议，只要能解释清楚自己选择特定道路的原因，你的决定就可以被他人所接受。

TRAJECTORY

蜕变轨迹

1. 领导者喜欢成功，也喜欢成功的故事。通过接收反馈信息和进行积极的改变，你将成为成功故事的主角。

2. 反馈并不是说“做得不错”，也不是希望对方表扬自己。尽管在表现不错时能得到表面反馈也很重要，但它并不能给你建设性的改进指导。
3. 注意那些与自身缺点相关的反馈信息，因为其他领域的成功可能会掩盖这些缺点。
4. 拥有导师的目的是获得宝贵的真知灼见，取得职业生涯的发展，而不是寻找裙带关系。
5. 世上一切都是公平的，而你能做的最棒的事情就是通过征求反馈信息来获得一定的优势。
6. 有些最出色且最具见解的反馈信息来自同事，甚至是下属。

TRAJECTORY

职场演练 | 邀请与你关系紧张的人喝咖啡

你在工作中与哪些人关系紧张？从中挑选一人，邀请这个人和你一起喝咖啡。提前告知这个人，你希望征求他的意见，了解自己在哪些方面做得还不错，以及哪些需要改进。在听取并分析所获得的反馈信息后，与你的上司就这些信息进行讨论，了解上司对这些信息的看法，并且探讨你将如何在该方面进行改进。然后，再找到提供反馈信息的人，告知对方你将在哪些方面进行改进。请记录你对这个人做出的承诺。定期回顾这些承诺，确保自己根据这些承诺进行改进。

TRAJECTORY

7 CAREER STRATEGIES

TO TAKE YOU FROM WHERE YOU ARE TO

WHERE YOU WANT TO BE

策略 2：面对险境，利用毅力脱颖而出

世上没有什么可以替代毅力。才华不行，失败的天才再普遍不过了。

——卡尔文 · 柯立芝

假设你 100% 地肯定自己想要什么，而且被提前告知可以实现自己的想法。那是你最想要的东西，甚至为了得到它不惜拿自己的生命去冒险。但这中间有个问题，即你必须要等待超过 50 年才能实现自己的目标。你愿意等待吗？或者你会转而去追求另一个目标吗？先花点时间想一想这个问题。

现在假设为了实现目标，你不仅仅需要等待 50 年，而且其中 27 年必须在小小的监牢隔间里面度过。也许那个目标不值得你付出这么大的代价，最好还是将目光放到其他东西上。如果你转而追求其他的东西，朋友们肯定也会理解你。但纳尔逊·曼德拉不会同意这种观点。自十几岁起，曼德拉就在为结束种族隔离和为所有南非人争取自由而努力。正是这种努力让他开始了持续 50 余年的追求，其中包括 27 年的牢狱生活。

在这段时间里，曼德拉从未放弃自己的目标和志向。就算被囚禁，他依然在坚持。事实上，在被囚禁期间，通过多种方式，他的影响力越来越大。1990 年被释放后，他立即发表演说，强调自己对没有种族隔离的自由国家的信仰。此后不到 4 年的时间，南非举行了第一次跨种族选举，曼德拉当选，成为该国有史以来第一位黑人总统。在整个过程中，他让全世界看到了什么叫真正的毅力，也在通往自身使命的道路和生涯线上迈出了一大步。

纳尔逊·曼德拉这段历经艰难的例子让我们充分看到，成功不仅仅要靠能力和运气。当然，曼德拉也拥有能力和运气。他有着出色的能力，尤其善于立即就让人们为其魅力所吸引，对他的观点深信不疑。而且他非常幸运，并没有像其他一些同志一样，被判处死刑且立即执行。但单有这些因素还不足以让他成为闻名天下的重要人物。所以尽管能力和运气都非常重要，但毅力（动力的近亲）是帮助你保持自身职场生涯线所必不可少的。

成功和失败之间的真正区别就在于毅力。有了这项重要的素质，不管此前遇到过多少失败和挫折，领导者都可以不断展望未来，为自己设定目标。事实上，那些非常有毅力的人通常将失败视为一种激励因素，能够鼓励他们再次进行尝试，付出更多的努力。如果没有毅力，要保持长期的成功就会难上加难。它会在你的职场生涯线上设置障碍，限制你实现持续成功的潜力。

能力 × 毅力 = 绩效

心理学有一项令人叹服的研究，分析了成功背后的一些因素。从最简单的层面来说，可以通过一个非常直接的公式来加以解释。

能力 × 毅力 = 绩效

不管是曼德拉的例子，还是本章开篇所引用的卡尔文 · 柯立芝的名言，我们都可以从中看出，单有才华和能力还不够。单有毅力也不够。**从公式来看，不管是缺少了能力还是毅力，绩效都会等于零。**正如我们将在下文探讨的那样，能力加上毅力，它将让你拥有一段与众不同的人生。

这项研究结果简单但很重要。回想中学生活，你也会发现这个道理。我们都知道在毕业班里，有些人的成绩相当拔尖，他们可以轻松地申请到大学。但多年后，在同学聚会上，你可能会惊讶地得知这人在中学毕业后并没有取得多大的成就。当得知某位成绩普普通通甚至是中下游的同学在毕业数年后生活一直红红火火时，你甚至会更加惊讶。事实上，这些人的职场生涯线存在种种差异，这本不应该让人感到惊讶。差异的原因通常非常明显。此前成绩好的人在打造自身职业道路时单纯只靠自己的能力，而错过了另一个核心要素，即毅力。而成绩一般的学生不仅拥有能力，还拥有毅力。

假设能力和毅力都可以用 10 分制来评分（1 是最低分，10 是最高分）。成绩出色的学生可能在能力上可以打到9分，而毅力上只有5分，所以整体绩效得分就是45分（9×5）。成绩普通但最终更为成功的那位学生可能能力只有6分，但毅力有8分，所以整体绩效的得分能达到48分（6×8），高于成绩好的学生的得分。当然，现实世界没有这么黑白分明，但也足以让你轻松看出，该公式如何适用于你自己和你的职场生涯线。关键不在于你每个方面都必须拿到10分，而是当你做到毅力超人时，就能弥补能力上的欠缺。

毅力如此重要，背后的决定因素与心理学的激励理论密切相关。不过如果背后的理由是错误的，那么激励也只是短期的。但如果是受到正确理由的激励，坚持就会变得更加轻松，甚至在面对逆境时也是如此。你可能听说过内在驱动力和外在驱动力。当你去追求那些自己内心想要实现的东西，也就是你喜欢做的事情时，毅力就会增强。

内在驱动力和外在驱动力背后的影响因素有所区别。一方面，外在驱动力可能会让你快速着手做某件事情，但其时效很短。原因在于外在驱动力是促使你做某件事情的外部因素，但如果没有获得物质奖励，你可能就会对自己所做的事情缺少热情。例如，有人给你钱，让你协助创立一家初创企业。但如果你对该初创企业缺乏信念，而且也不喜欢该任务，可能不久后就会失去激情。由此可见，外在奖励事实上可能成为绩效的破坏因素。更具体一点来说，当激励你做事的唯一因素是有形的奖励时，就很可能难以实现目标。

蜕变 Tips

外在驱动力可能会让你快速着手做某件事情，但其时效很短。当激励你做事的唯一因素是有形的奖励时，就很可能难以实现目标。

另一方面，内在驱动力就是那些让你为之兴奋的东西。它们让你浑身充满活力，促使你付出更多的努力。它们不是工资或奖金这类外在驱动力因素。外在驱动力非常重要（通常也是必不可少的），但单靠外在驱动力并不能创造较高或持久的毅力水平，只有内在驱动力才能做到这点。人们常常说就算没钱，他们也会继续做某些事情。之所以这么说，是因为他们的确喜欢那些事情，有着相应的动力。这就是内在驱动力，是你要创造令人满意的职场生涯线所必须寻找的东西。

职业滑板运动员托尼·霍克（Tony Hawk）就是内在驱动力的好例子。儿时他就热爱这项运动，当时该运动还只被视为流浪汉干的事。但他充满激情，也掌握了出色的滑板技巧，深知必须追逐自己的梦想。他如此热爱这项运动，明知道没法靠它赚钱，他也要继续下去。他成为世界上最出色的滑板运动员之一，原因就在于其内在驱动力。

霍克让我们看到如何利用自身的激情和内在驱动力来培养并不存在的机会。在拿起自己的第一块滑板时，他并没有想到有一天会有一款视频游戏以自己的名字命名。当时他也不可能深信将来能借自己的一身技术打造出一个商业帝国。在介绍自己如何取得这般成功时，霍克用了一个词语，即真诚（authenticity）。相比于出卖自我和自身原则而言，保持真诚会给你带来更多的成就。但如果不是在内心极度认同自身的目标，就无法做到完全真诚。

托尼·霍克在《我的成功之路》（*How Did I Get Here?: The Ascent of an Unlikely CEO*）一书中介绍了自己的职场生涯线。在书中，他提到了自己在9岁时得到了第一块滑板，怎么玩都玩不厌。14岁那年，他成为一名职业滑板运动员。他获得的第一张支票只有85美分！此后，他的职场生涯出现了快速跃进，在19岁时每年可以赚近15万美元。但在短短几年之后，他重新跌入赚的钱不够付房租的状况。他开始意识到自己不能只盯着滑板，还应该再做点什么。不过他并不想放弃滑板。他想到的方法就是利用自己的爱好来做生意，打造同名品牌。这个过程中有风险，而且好几次他不得不将几乎全部家当投入其中，包括将房子抵押贷款。面对种种挑战，他仍然坚持不懈，最终打造出了自己的品牌，涉足服装、移动电话、麦当劳的欢乐儿童餐玩具、寝具和过山车等多元化领域。

霍克这一路走来，也不乏运气的因素在其中，尤其是娱乐体育节目电视网（ESPN）在介绍极限运动时着重介绍了他，将他视为其中的明星之一。当然，他也拥有出色的能力。但不要忘记毅力。在这些极限运动中，他曾经不断尝试，希望能成为世界上第一个完成900度旋转（一种滑板技巧，要在空中连续翻滚两圈半）的人。在轮到他时，他连续尝试了 8 次，但都失败了，也将时间都消耗掉了。可是他继续不断尝试，尽管他的成绩不会被计入大赛。在第 12 次尝试时，全世界都看到他成功地完成了世界上第一个 900 度旋转。如果不是他的坚持，就不会有这番精彩的空中旋转。他成功地将自己的能力、毅力和激情结合在一起，打造出一条成功的职场生涯线。你也能这样！

牢记目标，争取均衡的激情

与托尼·霍克一样，要想取得最大的成功，就必须在职场道路上让激情助你一臂之力。颇具讽刺意味的是，人们的热情可能会过高或过低。你应该争取均衡的激情（balanced enthusiasm）。当只有外在驱动力时，这点很难做到。但如果你发自内心地追求某个目标，那么就会容易许多。

叶克斯 - 道森定律可以解释这番现象。研究人员罗伯特·叶克斯（Robert Yerkes）和约翰·道森（John Dodson）发现，如果老鼠在犯错后会受到一定程度的刺激（本实验中是电击），它们就能以较快的速度学会应该进哪个门。如果电击力度太小或太大，老鼠学会正确区分门的时间就会更长。如果没有电击，老鼠的学习时间也要相对更长。把学习曲线上下颠倒过来，就会出现倒 U 形关系曲线，揭示出绩效和刺激程度之间的关系。

将这个定律用到工作上，要确保取得最佳绩效，适量的激情（但不是过高的或错位的激情）是必不可少的。激情不足，可能就无法集中精神，人们会失去信心，甚至是害怕面前的行动。从图2-1中可以看出，如果没有激情，也就没有了绩效。当出现这种情况时，毅力也会逐渐消退。在水平轴的另一端，如果激情过高，绩效也会为零。之所以出现这种情况，是因为你的决策和推理能力会受影响，从而阻碍绩效的提升。当害怕或恐慌时，人们会过于兴奋，这也能解释为什么人们在特定情况下常常会“怯场”。同样，如果因为担心结果而压力过大，一些基本的事情都会很难完成。例如，当职业高尔夫球选手必须打出2英尺[①]推杆以赢得比赛时，就会出现这种情况。在那个时候，2英尺推杆似乎比其他任何情况下都要远。

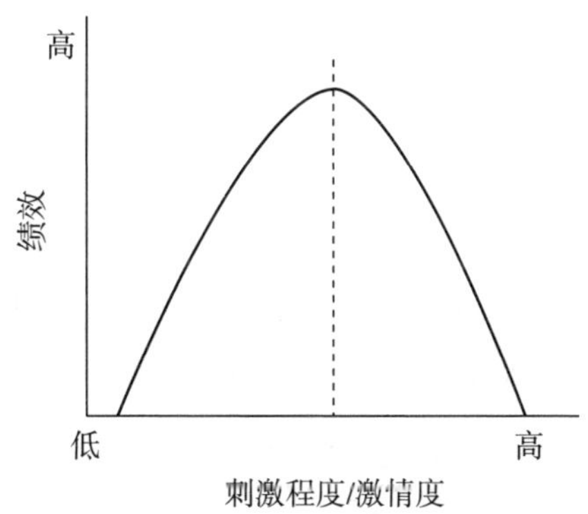

图2-1　叶克斯-道森定律

① 1英尺≈0.3米。

因此你必须找到最佳的激情度，或者是保持均衡的激情度。激情度过高或过低，绩效都会受到影响。甚至连托尼·霍克都意识到，他必须放弃自己的部分业务。当然，他非常喜欢这些业务，但他也知道自己必须面对现实，将重点放在那些成功概率更大的业务上。

在这方面有一点要提醒大家注意：激情和毅力是互补的，但绝对不要将两者混淆。激情非常伟大，能够让人情绪高涨，但其作用的时效短于毅力。橄榄球球迷们也许非常有激情，但难说他们都是坚持不懈的。相比之下，球员们一定是在坚持着。单有才华并不能让多数球员进入美国国家橄榄球联盟。球员们也许不喜欢凌晨 5 点就早起练习举重，但他们会坚持这样做。久而久之，这种坚持让他们能够从成千上万名有着同样梦想的运动员中脱颖而出。

这点用在复杂的任务上尤其正确。当你做一些熟悉的事情时，例如骑自行车，即使非常兴奋也不太可能会撞车。但面对新的或复杂的任务时，你必须保持适当的兴奋度，这点更为重要。你是否发现，曾经因为思绪万千而无法入睡？假设你在脑子里思绪万千时想集中精力学习某项新行为，或者想要记住某些东西，那是很难做到的。保持一定的注意力和精神集中是必不可少的，能帮助你更轻松地进行学习或培养新技能。如果精力不足或激情不高，就可能会落入图 2-1 中虚线的左边区域；如果激情过高，就会落入虚线的右边区域。不管是在哪个区域，相比于保持最佳激情的情况而言，你的学习和工作质量都要低一些。

马拉松选手们竞争激烈。我从未见过哪位马拉松选手在比赛中漫无目标地奔跑。对于某些人而言，完成全程就是目标。对于一些人来说，目标就是坚持跑完，而且中间不停。但对于其他人来说，目标就是在特定时间内跑完全程，甚至是赢得比赛。如果你观看过马拉松比赛，可能会惊讶于有那么多人在跑完一英里后，甚至在跑第一英里时就开始步行。当然，他们经过训练，而且也做好准备跑更远的距离，而且中间不停。叶克斯 - 道森定律可以解释为什么那些经过良好训练的选手会这么做。

> **蜕变 Tips**
>
> 当机会出现时，可以战略性地偏离自己的计划，但一定要牢记自己的目标到底是什么。

每场比赛一开始，会有数百甚至数千人同时出发，所有人都有着宏伟的目标，即以最快的速度完成比赛。在最开始，高涨的热情和与周边选手之间激烈的竞争可能会压倒人们的毅力，由此也带来了破坏性的结果。选手们忘记了自己的计划，也没能在全程坚持该计划，而是在看到他人跑得更快后就错误地想要跟上。我也参加过马拉松，所以可以充分证明，许多人在开跑之后是“劲头十足”，但此后不到一英里就变成了走路，因为他们在起跑的时候速度过快。这点也完全符合叶克斯 - 道森定律。在比赛最开始，这些选手有着过高的激情，起跑速度太快，结果最后的成绩远远达不到他们最初的期望。按照叶克斯 - 道森定律，他们都属于虚线的右边区域。

牢记这条原则，它将帮助你“跑赢”工作中的比赛。如果你有自己的计划，当你偏离该计划进入自己可能无法取得成功的领域时，小心一点。从跑步的角度来说，你或许有能力偶尔跑到 7 分钟一英里的速度，但如果你接受的训练和制订的计划是 9 分钟一英里，那么如果你想始终坚持 7 分钟一英里的速度的话，再多的毅力也帮不上忙。在工作中，**当机会出现时，可以战略性地偏离自己的计划，但一定要牢记自己的目标到底是什么。**

要有毅力，还必须要有准备

美国心理学协会（American Psychological Association, APA）进行的年度调查结果显示，被调查者认为阻碍成功的第一大障碍物就是毅力。但 71% 的被调查者感觉自己可以学会如何提高毅力，从而做得更好。换言之，近 75% 的人认为他们可以控制自己实现目标的最大障碍。这也让我们再次想到绩效公式。你无法彻底改变自己的能力，但你可以控制自己的毅力，把握自己冲击目标的毅力强度。

如果你认为自己可以实现某个目标，并且为此坚持不懈，那么相较于那些认为正是意志力阻碍了自己实现目标的 71% 的被调查者，你就有了一定的优势。目标可以非常简单，比如减肥；目标也可以非常复杂，比如给某个行业带来革命。但如果没有了毅力，不管是简单的还是复杂的目标都不太可能实现，所有意义深远的成就都离不开坚持不懈。

与此同时，在确定自己的追求时，必须做到务实和明智。毅力是一种令人钦佩的重要素质，但盲目固执（blind persistence）并非如此。在目标上必须做到切合实际。如果想高尔夫球的水平媲美泰格·伍兹或者打篮球能打到勒布朗·詹姆斯的水准，再多毅力也无济于事。不管如何坚持不懈，你都无法跳过宽30英尺的河流。但如果退后一步，反思自己的目标（拿上个例子来说，就是到达河对岸），也许可以制订新的计划。由此，你可以去收集必要的材料，修建一座跨越水面的桥梁，实现自己的目标。关键在于要坚持，还必须进行再评估。如果不反思自己的策略和方法，或许就是在坚持一种没有结果的努力。你能做的就是在争取目标实现的过程中尽可能超越你为自己设置的标准。

蜕变 Tips

如果不反思自己的策略和方法，或许就是在坚持一种没有结果的努力。你能做的就是在争取目标实现的过程中尽可能超越你为自己设置的标准。

要有毅力，还必须有准备。罗马哲学家塞内卡（Seneca）是2 000年前的人。他最著名的一句话就是：“幸运就是机会之路与准备之路的交会处。”尽管时间已经过去2 000年，而且我们生活和工作的这个世界相比从前已经极度复杂，但这条道理依然正确。当机会出现，如果事先没有做好准备，你就会成为自己的敌人。如果希望得到什么，就必须认为它可能出现。你必须充满自信。**然后当机会真的出现时，你必须马**

上进入状态，懂得自己必须竭尽所能来抓住那个时刻，因此你要做好准备迎接它的出现。这样会让你感到心安，因为你知道自己已经竭尽所能，不会后悔。

坚持自我改进，领先他人一点点

多数公司都有自己的招聘流程，用来为空缺的岗位选择优秀的候选人。假设你和其他同事都经历过类似的招聘流程，那么你所处的职场将会充斥着被统计学家称为范围限制（range restriction）的东西。当范围限制出现时，一些已知参数的可变性就会减小。如果该参数凑巧是能力，则你和其他同事在绩效公式等号左边的能力参数是一样的。这也意味着你必须有非同一般的毅力，才能让你在员工队伍中脱颖而出，在绩效上领先于他人。他们可能会放弃，但你必须坚持创造更为出色的成就，哪怕只是领先他人一点点。

商界内的研究大力支持了一种观点，即毅力是成功领导者的理想特征，也是让他们有别于其他人的一个特征。芝加哥大学布斯商学院的史蒂芬·卡普兰（Steven Kaplan）希望对该命题进行测试。他的数据来自300多名私募股权公司和风投公司的首席执行官候选人。这些候选人在5个基本方面接受了评估，分别是领导力、个性、智力、人际关系和毅力。该研究的独到之处就在于不仅仅在受聘前对候选人进行了评估，而且研究人员还能在招聘后使用这些信息来确定哪些特质后来帮助首席执行官们取得了成功。**除了效率和积极主动之外，毅力是首席执行官和其公司绩效的 3 大决定性因素之一。**由此可以看出，即使对企业内最高级别的人员而言，毅力也是让他们出类拔萃，取得成功的决定因素。这些企业内的最高领导层通常能力也高于普通水平。

你也许会问，如果不是首席执行官，那么毅力的重要性又有几何？情况是一样的。而且我们在孩子们身上也发现了同样的道理。在《性格的力量：勇气、好奇心、乐观精神与孩子的未来》（*How Children Succeed*）一书中，保罗·图赫（Paul Tough）探讨了决定孩子长期成功的因素。他发现，一个必不可少的因素就是毅力，而毅力也是人们个性的核心组成部分。必须指出，能力（智力）在一定程度上是先天决定的。营养、健康和其他因素可以带来帮助，但只要成年后，就没有太多的机会来改变这些先天因素了。不过切记，你可以对毅力有更多的控制。

当考虑到我们的背景和成长之路有着千差万别时，这点尤甚。一方面，假设某个人来自破碎的家庭，而且家庭收入较低。他的成功之路可能更坎坷，但只要有一定的能力和毅力，就可以取得成功。另一方面，假设某人来自名门望族，家境殷实。他拥有大把的机会和资源，让成功变得更加容易。但就算有出色的能力，这个人并不一定有太大的胜算。为什么？因为他可能会把一切当作理所当然的事情，未能坚持自我改进。

不管是孩童、首席执行官还是你，毅力一直都很重要。

秉持有耐心的紧迫感

毅力包括了时间因素，因此其核心特征之一就是耐心。没有耐心，就无法拥有毅力。这些相互交织的特征能确保你在职业生涯的发展道路上不会急于求成。盲目固执会导致耐心逐渐消失。早早取得成功的公司通常会迷恋于发展，然后就失去耐心，冒险行事。让我们以波士顿市场公司（Boston Market）为例。

> 波士顿市场公司一度是美国增长速度最快的食品连锁店之一。公司一心追求大幅增长，并且制订了快速扩张的计划。发展战略很快就变成了致命的原因，因为波士顿市场公司并没有去争取持久稳固的增长。他们放弃了合适的增长速度，全心争取高速发展。在巅峰时期，公司旗下的门店数量超过了900家。此后，公司申请破产，并在过度扩张之后不得不关闭了近200家门店。

波士顿市场公司的主要问题就在于公司领导者一门心思关注增长，忽视了培养出色的领导者和建设社区关系等经营原则。他们忽视了那些最初帮助公司取得成功的因素和做法。在职业生涯中，不要错误地忽视自己的初心，忘记自己努力的目标。

In-N-Out 汉堡公司最近被美国《消费者报告》（*Consumer Reports*）提名为美国最佳快餐连锁店。该公司在发展上采取了与波士顿市场公司截然不同的道路。其创始人早早就明白，快速增长会破坏该连锁店。他们决心争取持续稳固的发展。公司创始人哈里 · 斯奈德（Harry Snyder）拒绝了将公司上市或进行加盟连锁的诱惑。In-N-Out 汉堡公司坚持自营门店，这点有别于多数快餐连锁店。在面临较大的发展压力时，加盟的方式可以快速创造营收。但这样只能在短期内增加营收，长期来看，会破坏运营控制，加大风险。如果采用加盟的方式，则该连锁店的生涯线就会越来越多地脱离领导者的控制。**在规划自己的职场生涯线时，也一定要小心，不要放弃那些重要领域的控制权。**放弃控制权也许能让你在短期内获得收益，但规划自身生涯线的目的就是制订计划，争取持续赢利。

对比一下波士顿市场公司和 In-N-Out 汉堡公司两条截然不同的道路，你会发现就耐心而言，有一点极为重要，那就是耐心并不等同于懒惰或缺乏紧迫感。有耐心只是意味着你可以战略性地等待合适的机会。In-N-Out 汉堡公司关注正确的发展，而且确保自身拥有发展的能力。例如，该公司做出决定，公司扩张速度不得超过其培养餐厅经理的速度。由此公司认识到毅力和耐心能在长期内让公司运行更加稳固。不管是培养自身技能还是为整个企业做决定，你都可以从这些例子中学习，避免重蹈覆辙。

有耐心并不意味着你可以浪费时间，坐等机会上门。恰恰相反，你仍然需要有一定的紧迫感。如果缺乏耐心，一系列负面结果就可能接踵而来。例如，缺乏耐心的人会有负面情绪，愤世嫉俗，甚至对他人的决策过程不屑一顾。而耐心中的紧迫感会让你告知他人自己所做的事情的重要性。如果没有耐心，可能就会被他人认为不理性、专横甚至是自私。当出现这种情况时，你可能就会失去他人的支持，那样可能会给你的职业发展造成巨大的破坏，因为这些支持通常对你的成功而言至关重要。

培养毅力，并通过毅力塑造你自己

水流不断冲刷，形成了水路，由此有了河流。这是关于毅力最好的例子。随着时间的流逝，这条水路会越来越宽，变得相当壮观，但这一切并非一蹴而就。让你的毅力就像河流，为你冲刷出一条合适的道路，引领你通向目标。为了保持职场生涯线，这样做并非那么容易，因为障碍在所难免。正如本·桑德斯所明白的（参见本书“前言”）那样，逆风会减慢你的速度，但你不能让这股阻力破坏宏伟的梦想，阻碍你努力去实现目标。毅力将助你攀登高峰，即使他人在这个过程中因为受挫而放弃。

在电影《孤独的幸存者》（*Lone Survivor*）中，马库斯·鲁特埃勒（Marcus Luttrell）描述了加入海豹突击队必须经历的种种折磨。海豹突击队的队员们掌握了多种多样的技能，能够忍受极端恶劣的环境，并因此而闻名全球。他们明确表达了毅力的重要性。在他们的信条中有这么一句话："我将永不放弃，将在逆境中坚持自我并且茁壮成长。国家希望我在生理和心理上都能比敌人更加强大。如果被击倒，我将会重新站起来，击倒一次站起来一次。"许多人可能认为海豹突击队在选择成员时考察的标准就是他们的体魄，这点在一定程度上是正确的。但真正让队员们脱颖而出的是他们的毅力和坚忍。

面对令人难以承受的训练，是否能坚持下来的确非常重要。鲁特埃勒回忆说，许多最为强壮和看上去最凶猛的候选人通常也是最快放弃的人。尽管看上去威风，但他们缺少必要的复原力，无法坚持完成整个训练课程。在基础水下爆破训练中，他所在的队伍本来有 164 人，但最终只有 32 人完成了整个训练。鲁特埃勒表示，他不知道自己是怎么坚持完成这么多训练课程的，但正是毅力让他坚持了下来。

海豹突击队的测试让我们看到，你不仅能培养自己的毅力，而且能通过毅力塑造自我。他们是一个很好的正面例子。海军新兵训练营的教官们都知道，那些拥有动力和坚毅的人会付出努力，让自己完成种种测试。

杰瑞 · 赖斯（Jerry Rice）是美国国家橄榄球联盟中知名的接球手。他也认识到，毅力和努力是让他脱颖而出的必要因素。他也同样因让人精疲力竭的坡道训练而闻名。但这些并非一蹴而就，他也是一步一步地攀登上了巅峰。而且在休赛期，许多球员会进行休整，他却继续训练。他明白，如果在休赛期能不断战胜坡道，那么在比赛的第四局，当对手比他感到更为吃力时，他就同样能战胜他们。

在工作中，你可以学习海豹突击队的选拔、杰瑞·赖斯和其他许多成功的故事。毅力将让你能战胜其他“出色的运动员”，从中脱颖而出。

关于毅力的故事可以追溯到《伊索寓言》里的龟兔赛跑。在寓言中，伊索说：

> 一天，兔子嘲笑乌龟腿短速度慢。乌龟笑着回答：“尽管你像风一样快，但在比赛中我会打败你。”……乌龟一刻不停，虽然速度慢，但一直非常稳定，坚持到了终点。

这个寓言讲了两个道理。首先，对兔子而言，过于自信以及低估对手都不是明智的做法。其次，对乌龟来说，毅力可以助它克服重重困难和挑战。

兔子比乌龟跑得快，这点谁也不会怀疑。但让我们搬出“能力 × 毅力 = 绩效”这个公式来分析该寓言。兔子有能力（能力 = 9），但没有太大的毅力（毅力 = 3）。尽管乌龟的能力较低（能力 = 3），但它有着极强的毅力（毅力 = 10）。虽然最终得分非常相近，不过乌龟赢得了比赛，这也正如公式所显示的那样（乌龟的预期绩效 = 30，而兔子的得分仅为 27）。

当然，这并不应该被理解为不要快速行动。正如我们将在策略 3 中所讨论的那样，你必须快速行动。但不要让自己精疲力竭，或者是行动速度过快，就像那只兔子一样，想当然地认为自己不会输。当你能像乌龟一样坚持到底，就不会轻言放弃。当你的目标可以实现，而且对你而言仍然有价值，那当然不应该放弃。

关于毅力，最美好的一点就在于它不会消失。它不会逐渐消散。它不是商品，所以价值不会下跌。毅力将会继续经受住时间的考验，而它也是那些成功人士所拥有的共同特征。体育用品公司甚至尝试通过运动来衡量毅力。安德玛公司甚至推出了专为在锻炼时评估穿戴者毅力的产品。这是一款手表，能够通过算法来衡量毅力（采用 10 分制）。

不管是在锻炼、工作、个人生活还是在其他领域，毅力始终是你设计和坚持生涯线时最重要的因素之一。过去一直如此，未来也将继续如此。

TRAJECTORY

蜕变轨迹

1. 成功和失败之间的真正区别就在于毅力。
2. 能力 × 毅力 = 绩效，不管是缺少了能力还是毅力，绩效都会等于零。
3. 除了效率和积极主动之外，毅力是决定首席执行官和其公司的绩效的 3 大因素之一。
4. 在规划自己的职场生涯线时，也一定要小心，不要放弃那些重要领域的控制权。
5. 有耐心并不意味着你可以浪费时间，坐等机会上门。恰恰相反，你仍然需要有一定的紧迫感。

TRAINING

职场演练 | 重新挑战你未能实现的目标

想想看，哪个目标看上去很容易，但你一直未能实现？这种目标我们每个人都有一些，也许是减肥、跑完5 000米的比赛或者学习一门新语言。写下这个目标，然后列出一直未能实现该目标的原因。是因为面对困难和挑战没有能坚持下来吗？是否太快放弃了？现在是时候改变了。把这个目标重新树立起来。上次是什么时候停止追求该目标的？当时达到了哪一步？为什么会停止或放弃？写下这些问题的答案。然后与他人分享你的目标，告诉他们这次你能坚持多久（最理想的情况下是坚持实现目标）。当感觉想要放弃时，坚持到底。请那些知晓该目标的人为你提供支持。不要在此前停步的地方再次停下来。这次至少要往前再迈出一步，或者迈出多步，后者更好。切记，这就是毅力，而拥有毅力不是那么容易的。

TRAJECTORY

7 CAREER STRATEGIES

TO TAKE YOU FROM WHERE YOU ARE TO

WHERE YOU WANT TO BE

策略 3：大处着眼，小处着手，快速行动

能看到多远就走多远；当你到达那里，就能看到更远的世界。

——J. P. 摩根

建设和管理生涯线需要制订一系列可以管理的步骤和目标。在这些步骤中，一部分对你的最终目标和生涯线有着至关重要的影响，但它们从本质上来说可能非常细微。不过不能据此认为大处着眼就是错误的。恰恰相反，大处着眼极其重要。成功通常并非一蹴而就或者偶尔所得。在本章中，你将懂得必须从长远着眼。而要实现目标，最好的路径通常是由小步骤和快速反应组成的。

让我们以棒球运动中的全垒打击球手为例。观看这些击球手在球场上的表现是非常有意思的事情，因为他有可能会打出漂亮的全垒打，但更多时候不行。对全垒打击球手而言，成功也许是每击球 4 次能打中一次，然后每击球 10 次能打出一个全垒打。相比之下，第一棒击球手的任务就是上垒。这种区别就是“大处着眼，小处着手，快速行动”策略的核心。大处着眼 = 赢得比赛；小处着手 = 为了能得分要上垒；快速行动 = 第一轮就上垒，然后抢得第二垒以获得得分优势。在这个过程中，第一棒击球手会为自己（以及团队）争取最大的成功机会，但有时也不会拒绝全垒打。

1967年世界职业棒球大赛的第七场比赛也就是决赛中，鲍勃·吉布森（Bob Gibson）是圣路易红雀队（St. Louis Cardinals）的首发投手。他此前已经赢得过两届比赛。本场比赛中，他重返赛场，继续在投球上占据着优势。但这次不同：他打出了全垒打。他的目标从来没有发生过改变，那就是赢得比赛，而且是靠一次接一次的击球来赢得比赛。但采用的方法和做好的准备让他成为世界职业棒球大赛中鲜有的打出全垒打的球员之一。在这种背景之下，在整个职业生涯中，他在常规比赛中打出全垒打的次数只占到击球次数的2%。但在3次世界职业棒球大赛中，他打出全垒打的次数在击球次数中所占比例超过了7%！这也说明，“大处着眼，小处着手，快速行动”的战略不仅仅会创造胜利，同时也能让你在最重要的时刻做好准备迎接胜利。

有些人在小目标上达到了让人难以想象的高度，这种例子有很多，其中包括棒球世界里另一个知名的例子。1995年9月6日，小卡尔·瑞普肯（Cal Ripken Jr.）参加了职业棒球大联盟比赛，这是他连续出场的第2 131场比赛，打破了卢·格里克（Lou Gehrig）保持了56年的历史纪录。瑞普肯当然也是花了多年的时间才能取得这般成绩的。这一路走来，他为打破纪录设定了2 131个中间目标。对瑞普肯而言，最初相当简单的目标久而久之发展成了一个宏伟的目标。瑞普肯在棒球职业生涯的第一个目标肯定不是打破连续出场纪录，而是取得成功，帮助球队赢得胜利。在职业生涯初期，打破纪录的想法可能甚至都没有在他脑中冒出来过。最终，随着连续出场的次数慢慢增多，打破纪录的想法就逐渐形成。请记住，随着你在职场逐渐成长，必须让自己看到那些冒出来的、此前想都没有想到的新目标。只要跟着自己的计划走，那些曾经看上去难以想象的目标很快就会变得切合现实。

艾米特·史密斯（Emmitt Smith）是美国国家橄榄球联盟知名的首发冲传手。他在自传中提到，正是许多的小目标让他能创造职业生涯里 18 355 码[①]进攻距离的纪录。在每场比赛中，他都给自己设定了目标，每次带球必须冲出至少 4 码。如果这场比赛中没有实现目标，他会坚持不懈，然后在下次甚至争取跑出更远的距离。或者让我们再回到本·桑德斯的例子。我们曾在本书“前言”介绍过他的故事。在前往北极的历险中，他始终将目光锁定在前方。通过一心到达下一块冰，再到下一块冰，他不断将自己的追求分解成小目标。靠着一步一步往前走，他最终实现了自己的目标，完成了 2 000 千米的全程。他大处着眼，设定了宏伟的目标——要到达北极。他小处着手，一步一步来，一块冰一块冰走。在情况允许的情况下，他会快速行动，但并不会加快前进速度。在任何尝试中，过快和过多的尝试都可能带来灾难。在这一路上，没有哪一步迈得很大，但每一步累积在一起，就带来了那番创举。同鲍勃·吉布森、小

① 1 码≈ 0.91 米。

卡尔·瑞普肯、艾米特·史密斯和本·桑德斯一样，每个人的内心都渴望取得成功。“大处着眼，小处着手，快速行动”，这条策略将助你一臂之力。

就工作而言，这些例子也证明，如果你在一场接一场的比赛中不断努力，安全打的次数越来越多，那么不仅仅能取得进步，而且也在为自己营造打出全垒打的环境。“大处着眼，小处着手，快速行动”，三者综合可以产生巨大的力量。它们将携手助你成功。这个世界不乏伟大的思想，缺少的是那些真正能使你取得累累硕果的思想。把你的宏伟目标分解成一个个小目标，同时快速采取行动，这样才能取得成功。

攀登巅峰，让成功概率最大化

历史上有许多创新家和探索家，他们有着宏伟的目标，希望能做前人从未做过的事情。对于许多持此想法的冒险家而言，登山是最能体现勇气，也最能带来成就感的尝试之一。7 大高峰由 7 大洲中每个洲最高的山峰组成。1953 年，珠穆朗玛峰这座世界最高峰被成功登顶。尽管如此，30 多年之后才出现第一个真正攀登上这 7 大高峰的人。

实现这番壮举的人在大家眼里是最不可能完成这项任务的，也并非真正的登山家。迪克·巴斯（Dick Bass）是个 51 岁的资深高管，没有什么登山经验。没有人相信这位高管最终会在世界上率先创造此番了不起的成就。为了取得成功，他必须大处着眼，小处着手（尽管在本例中所谓的“小处”是每座高山），并且快速行动。“快速”尤为重要，因为一些山峰只在特定季节才适合攀登，更不要说还有其他登山家也正在争取成为世界上第一个登上所有这些高峰的人。

为了实现这个勇敢的目标，需要进行精心准备和大量训练。巴斯的“大处着眼”就是要登上所有这些高峰；他的“小处着手”就是做好准备，将这 7 座高峰逐一战胜；而“快速行动”就是在时间窗关闭之前或是被他人抢先之前完成攀登。6 959 米、6 194 米、5 896 米、5 633 米、4 897 米、2 229 米、8 848 米，这是那 7 座高峰的海拔高度，也是巴斯先后攀登过的高度。从这也可以看出，成功的生涯线并不一定始终是一条直线。

在巴斯的例子中，他所攀登的高山的海拔高度是逐步下降的，直到最后，他登上了珠穆朗玛峰，也是世界上最高的山峰。他从南美洲的阿空加瓜山开始，然后是北美洲的麦金利山，接着是非洲的乞力马扎罗山。此后，他又先后攀登了欧洲的厄尔布鲁士山、南极洲的文森峰和大洋洲的科修斯科山。最后，他在亚洲的珠穆朗玛峰成功登顶，完成了自己的壮举。他并没有将这 7 大高峰按海拔高度来排列，然后从海拔高度最低的开始。相反，他的计划是让自己的成功概率达到最大。不过这些数字还不足以体现出这一路来的失败和坚持。在攀登珠穆朗玛峰时，巴斯在第四次尝试时才成功登顶。所以在此前的 3 次失败中，他不断坚持，并且最终完成了自己的生涯线。巴斯的故事让我们想到了策略 2 中的内容：面对艰难险境，真正能让你胜出的是毅力。

与迪克·巴斯一样，你会发现，在考虑目标时要大处着眼，这会让你从中获益。不管如何努力，你绝对不可能一次完成所有工作。不过每次战胜一座高峰，久而久之，你将能够实现自己的目标。每座高峰都会带来许多挑战，但当你一一完成这些挑战后，战胜每座高峰就会变得更加容易，速度也会越来越快。

制订目标，按照你自己的生涯线前行

这一切听起来不错，但如何真正地付诸实践呢？“大处着眼，小处着手，快速行动”的关键就是要制订一系列目标，指引你沿着自己的生涯线前行。目标制订理论可以为你提供帮助，该理论是组织心理学的基础之一。尽管人们对目标设定进行过很多研究，但目标设定与个人绩效之间的关系可以用几句话进行简单的归纳。

1. 有目标强于没目标。
2. 具体的目标强于泛泛的目标。
3. 有难度的具体目标强于容易实现的目标。

如果你能定期制订目标，那么也就遵循了目标设定理论的基本原则。如果你的目标非常具体（例如“在明年年底之前成为所在律师事务所的合伙人”，而不是“在工作中取得成功”），那么也就满足了第二条原则。现在到了目标设定最为复杂的部分了。研究结果清晰显示，有难度但能实现的目标将不断创造更大的成功，在对无数目标设定进行研究后都得出了同样的结论。一方面，如果设定的目标难度过大，变得不切实际，人们就会失去动力，导致目标无法实现；另一方面，如果设定的目标太简单，实现起来轻而易举，那么也就无须付出最大的努力，从而错过了获得更大成就的机会。如果在职业生涯和日常生活中只设定一些简单的目标，那就是自欺欺人，无法让自己突破极限。你必须在切合实际但难度过大和切合实际但太过容易之间找到最佳平衡点。

再者就是要为自己的目标确定合适的时间范围，这被称为目标距离（goal proximity）。如果设定的目标太过边缘（在遥远的未来），则会降低实现的概率。更为具体一点来说，中心（近期）目标相比边缘目标而言更可能得到实现，而中心目标可以是快速行动的一部分。因为中心目标本质上来说是较短期的目标，所以一般比大目标要小。举例来说，年初的中心目标可能是在6月前制定餐馆的商业战略和开设计划；而更边缘的目标会是开设餐厅。通过实现一个接一个的中心目标，你可以完成两项重要的工作：

- 距离自己的终极目标更近；
- 你成功地实现了中心目标，从而更加自信。

请牢记一点：中心目标将会随着你的发展而不断变化。例如在执行项目的过程中，随着你实现一个接一个的里程碑，曾经非常边缘的目标会变成中心目标。

通过设定目标和关注边缘目标与中心目标，你会发现自己正在给自己提供反馈信息（策略1）。而我们早已经明白反馈信息的重要性。在前进的道路上，失败与成功一路相随。不管是哪种结果，都会让你知道哪些行得通哪些行不通。你将会感受到进步，从而更加自信。这时候，你应该开始认识到自己的行动是如何彼此相连的。每个小小的成功将会形成更为强大的心态，帮助你做好准备迎接更多的成功，最终让你在追求目标的道路上更加坚定。

减肥常常被拿来举例说明如何设定目标。如果你想过减肥却从未设定过真正的目标，那么体重是不可能减下来的。如果你做出了一个比较宽泛的决定说："我想要减掉12磅。"那么相比于一年内每个月减掉1磅[①]的具体目标而言，你所能减掉的体重会少一些。如果你的确想把体重减掉5磅，却制订一个减掉1磅的目标，可能会在实现目标后就此止步。如果设定5磅的目标，你无疑可以取得更好的成绩。哪怕是再多减掉1磅，相比于仅仅减掉1磅而言也是翻了一番。

你同样可以在职场里利用目标设定原则来指引自己的生涯线。在规

① 1磅≈0.45千克。

划生涯线时，你必须在能力范围以内制订具有一定难度的具体目标。如果没有目标，就难以弄清楚自己需要在哪个方面付出努力。如果目标非常宽泛，比如打算开一家公司，那么你就不知道从何处着手。如果目标非常简单，就可能会低估自己的能量。因此必须制订计划，其中包括一系列目标。例如，如果想要开设一家餐馆，你也许可以像表 3-1 一样制订一份计划。

表 3-1 "大处着眼，小处着手，快速行动"计划

大处着眼	小处着手	快速行动
在一年内开设一家餐馆	制定商业战略	6 月以前完成
	确定餐馆名称	7 月以前完成
	获得资金	8 月以前完成
	餐馆选址并签订租赁协议	9 月以前完成
	开始内部改造和装修	9 月 15 日
	聘请主厨	10 月
	设计菜单	年底前
	招聘和培训员工	1 月—2 月
	盛大开幕	3 月 15 日晚上 6:00

决定开设一家餐馆就是大处着眼的例子。针对该目标设定一年的时间，那可能会让你认为时间还多得很，不用马上采取行动。表 3-1 中的每个目标可以被视为路标，是小处着手的一部分，这些目标都很重要。

事实上，如果错过任何一个小目标，你都可能会失败。此外，把这些目标分开来看的话，就会变得更加容易管理，让你在追求目标的过程中能够处理每项切合实际的任务，尽管这些任务也具有一定的难度。你可以看出，相比于简单地设定开设餐馆的目标而言，通过这种方法将总目标进行分解后，就更容易保持正确的轨道。在快速行动时，你会一步一步实现每个目标，最终成功开设一家餐馆。现在，可以更直观地看到如何分解大目标，而各个小目标又是如何紧密配合的了。

让我们再根据职场初期的情况来谈谈这条经验。或许你刚刚大学毕业，希望某天能成为一家公司的首席执行官。这个想法很好，但如何能实现呢？“大处着眼，小处着手，快速行动”策略可以帮助你实现自己的梦想。它们将为你提供里程碑式的目标，让你一路有着清晰的方向，实现一个接一个的里程碑。通过制订一系列的目标（小处着手），并且快速朝着目标前进（快速行动），你将能大幅提高实现目标的概率，在某天成为首席执行官。如果不这样逐步前进，那么最终你可能过于依赖运气，只是追逐一个虚幻的梦想。

不管你目前处于职业生涯的哪个阶段，目标都可以指引你的发展。没有相应的计划，就难以争取到自己想要的工作。你可以根据目标来制订自己的计划，确保自己获得所需的经验，为下一份工作做好准备。在这个过程中，你也可以针对自己需要改进的领域制订目标，提高自身能力。也许是参加战略领导力的课程，也许是寻找机会参与另一个职能部门的某个项目。不管采取什么具体的行动来满足自身的需求，制订计划吧，它能让你更轻松地去追逐目标。

快速行动，但要有耐心

正如在策略 2 中所学到的，毅力对成功而言至关重要，也是“大处着眼，小处着手，快速行动”策略的核心。遗憾的是，毅力可能难以掌握。不过随着年龄的增长，毅力也能得到培养。在使用快速行动的方法时，你会发现自己可以不断取得进步，朝着更大的目标前进。这些“小成就”将让你在通往宏伟目标的道路上更容易克服障碍。借此，你可以避免因为草率而犯错误或者自不量力。与此同时，在使用该方法分解目标和生涯线时，进步看上去可能显得不够快，但事实并非如此。

逐步的发展将带来革命性的成就，你也将为其速度而惊叹。成功会让你感觉自己正在通往目标的大道上快速前行。另外，假设你现在正处于第一步，而目标是走到第十步，如果沿途没有预先设定其他步骤，则会感觉前方渺茫。如果你为第二步至第九步都设定了子目标，就会感觉自己前进的速度加快。大家可以想想自驾游。许多人会将路程分解成数段，每段有不同的里程碑。这个过程也是同样的原理。10 个小时的旅程里，也许每 2 个小时会停下来去趟洗手间，然后在 5 个小时的时候就开始倒计时，7 个小时的时候停下来吃点东西，等等。最后，这趟旅程突然就感觉快了许多。

斯坦福大学的沃尔特·米歇尔[①]进行过经典的心理学研究。研究中，每个孩子拿到了一颗棉花糖。他们被告知，如果等待 15 分钟再吃这颗棉花糖的话，就可以得到第二颗棉花糖。看上去很简单，没什么重要的意义，对吧？但事实上，这次实验和其意义远非表面看来这么简单。米歇尔多年来一直在跟踪了解这些孩子后来的人生道路。随着时间的流逝，那些此前能够抵制住诱惑的孩子在美国学业能力倾向测验中得分更高，职业生涯也更为成功。等待 15 分钟再吃棉花糖这么简单的事情事实上非常重要。

等待 15 分钟再吃棉花糖，这么简单的事情准确地预示了人生未来的成功。立即吃掉棉花糖非常简单，也让人开心，但选择等待 15 分钟会带来更让人高兴的结果，因为到时候可以拿到第二颗棉花糖。牢记这点，它将让你的人生和职场都受益匪浅。现在吃下的美味甜点将导致你事后需要做更多的运动；工作中走捷径会导致你以后才发现自己犯了一些不必要的错误；逞一时口舌之快会让你事后后悔不已。许多人在职场中都会赶快吃掉第一颗棉花糖。他们仅仅为了马上获得有形的收益而跳槽，却未能借此丰富自己的经验。等待可以让你在合适的时候吃到棉花糖。**快速行动，要有毅力，同时做出正确的行动。不要为了行动而行动，不要把任何动作都错误地视为有目的的行动和有意义的进展。**快速行动非常重要，但行动必须正确。

① 沃尔特·米歇尔（Walter Mischel）的著作《棉花糖实验：自控力养成圣经》中文简体字版已由湛庐文化策划，北京联合出版公司出版发行。——编者注

快速决策，停止过度思考

大脑神奇而强大，会不断冒出新的发现。我们很少去想到底要思考什么，但大脑为我们做了这些事情。卡耐基梅隆大学（Carnegie Mellon University）最近的研究发现了该领域非常有趣的一件事情。该研究发现，在决策时过度思考可能会导致最终的结果不理想，由此也证实了快速行动的重要性。在过度分析某件事情时，你不仅会变得紧张和困惑，同时也会失去宝贵的时间。

研究人员发现，在人们精神不集中时，决策质量却可以得到提高。他们发现，让人们只把部分心思放在决策上，结果做出来的决定反而更好。这项发现源自一项实验。实验中，研究人员向人们介绍了 4 款汽车的特点，然后给了其中一些人某些任务，借此让他们分心，无法一门心思想究竟哪款汽车是最好的选择。

通过对脑成像结果的分析，研究人员发现，负责信息处理的那部分大脑会保持活跃，不断学习，甚至这个人在执行其他任务时也是如此。由此可见，就算你没在思考，大脑仍然在处理复杂的信息。这种无意识的行为可以带来更高质量的决策。

某件事想得过多，就可能因为数据和选择太多而迷失方向，由此出现分析无力的情况。此后，优柔寡断就变成了一种决定，因为你无法快速决定如何往下走。所以科学研究支持在决策时采用“跟着直觉走”的模式。不要过多思考问题。如果你发现自己因为某件事情而不知所措或颇感困惑，那么停止过度分析。暂时搁置，或者去做其他事情，等思绪平稳下来之后再做决定。

蜕变 Tips

不要过多思考问题。如果你发现自己因为某件事情而不知所措或颇感困惑，那么停止过度分析。暂时搁置，或者去做其他事情，等思绪平稳下来之后再做决定。

一项关于决策的经典研究进一步支持了该观点。该研究分析了人们进行选择时相关的推理流程。在实验中，实验者请人们品尝果酱并打分。那些快速照做的参与者所给出的分数类似于专业品尝师给出的分数。另一组参与者被要求解释打分原因。在这个过程中，他们开始想得过多，于是改变了自己的决定，最终给出的分数与专业品尝师给出的分数相差甚远。但这个实验针对的是果酱。该理论是否也适用于风险更高的决策场景呢？为了核实这点，实验者进行了第二场研究，请学生们决定在即将开始的大二要选择哪些课程。与第一场研究一样，要解释选择原因的那些学生最终选择的质量相对较差。多虑再次导致了低效的决策过程。

快速做出决定并不等同于草率，你的决定仍然必须基于一定的逻辑思考和推理。不过当你在多个选择之间左右为难时，不要思考太长的时间。你可能早已经知道正确的答案，只是想花时间寻找更多证据来支持自己的想法。这个时候，你必须做出决定，往前迈进，否则其他人就会先你一步到达终点。

蜕变 Tips

当你在多个选择之间左右为难时，不要思考太长的时间。这个时候，你必须做出决定，往前迈进。

英特尔公司在这方面有过惨痛的教训。英特尔公司以其开发的计算机存储芯片而闻名，而且存储芯片在 20 世纪 80 年代初期成为公司的核心业务。但正是存储芯片，差点让公司破产。为什么？因为该公司在相当长的时间里坚持将存储芯片当作核心业务，而当时它本应该果断地决定进军其他领域。随着日本竞争对手带着价格更低且质量更高的替代品涌入市场，英特尔公司在该领域的利润开始下滑。该产品线的其他许多公司都因此破产，英特尔公司也差点和它们一样。1985 年，在与时任英特尔公司董事长兼首席执行官的戈登 · 摩尔（Gordon Moore）进行坦诚的对话后，安迪 · 格鲁夫（Andy Grove，摩尔卸任后继任首席执行官）决定放弃存储芯片，进军微处理器领域。

做出这个决定的过程相当直接，尽管自该决定之后公司所走的道路相当艰难。在对话中，格鲁夫问摩尔，如果他们失去工作，公司引入新管理团队，那会怎么样。摩尔毫不犹豫地表示，新团队会让英特尔公司退出存储芯片业务。事后来看，这点似乎显而易见，但在当时，这是让一家企业放弃过去的立业基础和身份。不过摩尔知道，必须这样做，这不仅仅是为了生存，同时也是为了有更好的发展。

在当时，存储芯片是公司的核心，所以有数千名员工专门负责这项业务。在英特尔公司从存储芯片向微处理器的开发和生产进行转变的过程中，共有7 000多人被解雇。如果这个决定早点做出，也许可以逐步进行转变，那样破坏性会更小。格鲁夫预计这次转型需要10年的时间来完成。

由于许多行业在快速发生着变化，你的决策参考框架变得前所未有的重要。随着改变的加速，快速行动的必要性也在提高。如果身处变化较慢的行业，也许有更多的时间去思考和分析。但不管怎样，不要休息太久。让我们来看看你所处的行业。例如，如果你在铁路行业工作，那么也许能花更多的时间处理重要的决策，分析潜在的方向变化；但如果身处互联网初创企业或证券经纪公司，等待同样的时间就会错失重要机会。

在科技领域，行业发展的速度相当快，这也是在进行决策时必须考虑的因素。你的决策参考框架可以根据行业发展速度和目前的问题大小来进行分析。这些因素将决定你在决策上应该采取何种速度。从图3-1可以看出，随着行业变化的速度加快，快速做出决定的能力也必须得到提高。你必须注意，行业的发展步伐不是恒定不变的。尽管科技整体在不断以惊人的速度发展，但部分细分市场的发展脚步并不快，而其他细分市场则会加速前进。

让我们以浏览器为例。尽管浏览器仍然在不断发展和改善，但创新速度相比它们在刚刚被推出时已经回稳。不过其他领域正保持着前所未有的发展速度，所以必须避免决策的延误。我觉得有史以来最神奇的发明之一就是 3D 打印机。在我第一次从报刊书籍上读到该概念时（现在我希望自己在当时买了该股票），人们还难以确定该技术是否能变为现实。你可以将某样东西以类似于电子邮件或传真的方式发送出去，然后数千英里之外就能出现实实在在的东西，这种想法实在离奇。其使用范围从制造塑料模型这种简单的事情到生产汽车或供人类使用的器官等复杂的项目，甚至还有利用该技术在月亮或者火星上修建指挥所等更未来主义的想法。这充分说明应该提前思考，然后根据不断变化的环境和能力来进行调整。我不是建议大家必须发明下一代改变世界的技术，但你必须认识到，不能在某个决定上纠结太长的时间。因为 3D 打印技术的使用范围如此之广，目前还不完全清楚该能力未来会如何得到充分利用。但很明显，谁行动最快，谁就能在新市场里占得最大优势。

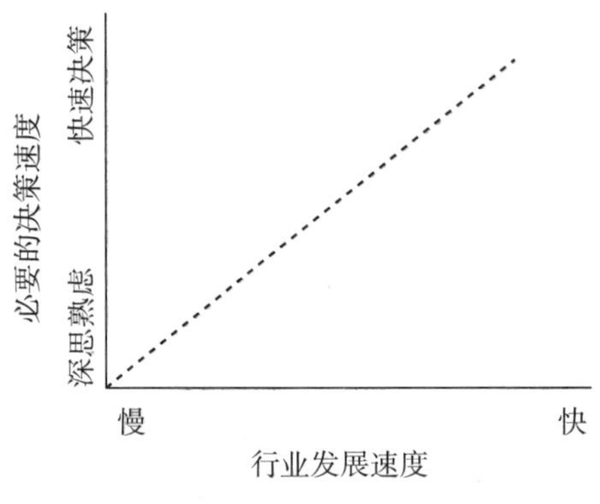

图 3-1　决策斜率

高效决断——成功领导者的标志

优秀的军事领袖非常善于使用“大处着眼，小处着手，快速行动”策略。拿破仑·波拿巴被认为是历史上最成功的军事领袖之一。在使用武力残酷无情地扩大法国领土的过程中，他就充分利用了该策略。奥斯特利茨战役被视为历史上意义最深远的军事行动之一。拿破仑带领他的军队在这场战役中赢得了胜利。在战争中，他打败了由奥地利、英国、瑞典和俄国组成的联军，巩固了自己的胜利。这些国家被称为第三次反法同盟，也是拿破仑和法国几乎统治整个欧洲的最后一个障碍。

在分析拿破仑取得胜利的道路时，你会发现他充分利用了“大处着眼，小处着手，快速行动”策略。在近20年的时间里，他发动了数次战争，数百万兵力参战。拿破仑尽可能将速度和灵活性作为主要战术。他最著名的是要求自己的部队在极端恶劣的条件下行进很远的距离，以便在自己选择的地方迎战敌人。这种做法让敌人要不断去猜测作战地点，而他就能发动突然袭击。

决断的一大好处就在于它能让你处于最前沿的位置。其他人则需要花时间来追赶你，琢磨你下一步要干什么。他们会将你视为领导者。你也必须开始有同样的想法。当你确定好目标，就能围绕目标制定职场策略。拿破仑除了意识到在风险较大的战场上要快速行动之外，还懂得必须在个人的职场决定上如此。在其职业生涯的初期，据称他曾经只花了

3分钟的时间就决定接受新的军事指挥岗位，并由此开启了历史上最著名的军事生涯。

快速高效地做出决定，尤其是在面对艰难险境或危险较大的情况下能做到果敢，这种能力是成功领导者的标志。回看他们的职业生涯，很少有领导者承认他们曾经后悔犯错，除非这个错误是没有能快速行动。多数领导者在回顾自己的人生时会表示，他们后悔自己当初做决定时速度不够快。如果他们当时可以更快速地做出决定，也许就能抓住更多机会。你也将有一个大决定要做（大处着眼），然后就必须一路快速做出许多小决定（快速行动）。

小步快走，绝不拖延

“大处着眼，小处着手，快速行动”3个要素必须综合加以使用。**在前进过程中，你应该牢记自身能力的大小取决于执行力的强弱。**许多人拥有成功的能力，但缺乏较强的执行力。这种欠缺在很大程度上是因为人们没有清晰且切合实际的计划，结果是眼高手低，急于求成，什么事情都做不好。这并不意味着你就不应该去冒险。小步小步走，这也不意味着风险一定就小。如果你选择的都是一般的风险，可能获得的也就是普普通通的成绩。真正要做的就是识别风险，然后走出合适的步伐去消除风险。

在《小赌大胜：卓越的公司如何实现突破性的创新和变革》（*Little Bets*）一书中，彼得·西姆斯（Peter Sims）提到循序渐进是实现非凡突破的基石。西姆斯指出，通过小赌可以让自己快速学习。不管学习会带来成功还是失败，你都可以使用那些信息来重新进行调整，对自己的下一步进行规划。正像本书开篇所说的那样，成功不会一蹴而就。当你想着那些小步子时，就是在思考自己想要实现的东西，只是这些小步子极少会改变你我的人生。不过，随着在一系列小步子上不断积累成功，你就会看到人生发生了巨大的变化。此外，小步子（就像中心目标）还有另一个重要的作用。它们就像是奖励，让你更加自信。此后，这些奖励会变成动力，促使你继续坚持不懈。

> **蜕变 Tips**
>
> 告诉他人你的目标，这实际上可以提高你实现目标的可能性。

从更实际的角度来说，让我们再次用节食减肥的目标作为例子。成功的节食者在这方面都是专家。节食者从大处着眼，将减掉体重作为自己的总目标。他们会设定一些小的目标（小步子），而且绝不拖延，立即开始。人们通常喊着要节食，然后嚷嚷着计划减掉多少重量。这点听起来似乎无关紧要，但事实上极为重要。告诉他人你的目标，这实际上可以提高你实现目标的可能性。在告知他人时，就是在签订一个隐性合同，而你也不想违约。人们一般不喜欢告诉他人自己未能坚持某件事情。在你告知他人自己的目标时，也就是在强化自己对自己的承诺，并且与这个人签订了某种合同。

在生涯线中遵循“大处着眼，小处着手，快速行动”的策略时，你会感觉自己在积累动力；你会感觉看上去的难题实际上都非常容易处理；你会对解决问题充满信心。成就会慢慢积累，你的自信心也会逐渐提高。你会发现，随着生活和职业生涯中的新挑战被一个接一个地克服，你的理想在无意间也越来越远大。

你会发现自己花在痛苦和做梦上的时间越来越少，而花在行动上的时间越来越多。曾经被你视为大赌的事情很快就变得切合实际，而且未来你会认为那就是件小事。

TRAJECTORY

蜕变轨迹

1. 在规划生涯线时，你必须在能力范围以内制订具有一定难度的具体目标。
2. 快速行动，并且要有毅力，同时做出正确的行动。不要为了行动而行动，不要把任何动作都错误地视为有目的的行动和有意义的进展。
3. 快速做出决定并不等同于草率。

4. 决断的一大好处就在于它能让你处于最前沿的位置。其他人则需要花时间来追赶你，琢磨你下一步要干什么。他们会将你视为领导者。
5. 快速高效地做出决定，尤其是在面对艰难险境或危险较大的情况下能做到果敢，这种能力是成功领导者的标志。
6. 在前进过程中，你应该牢记自身能力的大小取决于执行力的强弱。

职场演练 | 制订你的行动计划

在生活或工作中，有什么大目标对你而言非常重要，必须得到实现？找一个例子。仔细思考该目标，然后参考表 3-1，使用下表来制订自己“大处着眼，小处着手，快速行动”的策略。在纸上记录下来，这样可以更清楚地了解自己如何实现大目标。当你遇到犹豫不决的情况时，为自己设定做出决定的时间限制，然后继续前行。

大处着眼	小处着手	快速行动

TRAJECTORY

7 CAREER STRATEGIES

TO TAKE YOU FROM WHERE YOU ARE TO

WHERE YOU WANT TO BE

策略 4：突破平稳期，做出正确选择

变化是一种生命定律。眼睛只盯着过去和现在的人注定会错失未来。

——约翰·肯尼迪

不管是在职场还是在生活中，我们都必须明白，“山重水复疑无路，柳暗花明又一村”。在发展的过程中，你必须让自己看到山重水复后的又一村，那样才能成功规划自己的生涯线。否则也许就会开始进入一种平稳期，套用一句老话就是，开始走平路，不再走上坡路。你将发现，能否接受这种状态取决于你当前的抱负和目标。

这种平稳期通常紧随成功而来，这时你就必须快速寻求新创意和新方法。未雨绸缪，预先了解平稳期潜在的危险，这点至关重要。因为当到达平稳期后，你放在创新上的时间会越来越少，越来越难以保持此前的前进速度。换言之，你可能在很长的一段时间里都是走平路，或者更糟糕的情况就是止步不前。而同时，其他人可能适应了环境并加以改变，已经抢占了你的下一个目的地，并且稳固了自己的位置。在这种情况下，你就更难以突破平稳期了。

掉转船头，迎接新挑战

在一连串成功之后，平稳期开始出现，这是人生道路的自然发展。只有接受这点，你才能做好准备，积极面对平稳期。因此，在平稳期尚未出现之前，你就必须做好规划，寻找创新的工作方法。如果没有这种规划，未来的发展就会停滞。让我们以 IBM 公司为例，它是全球最成功也最受人推崇的公司之一。2012 年，IBM 公司创收超过 1 040 亿美元，利润高达 180 亿美元。但公司的发展并非始终一帆风顺。

IBM 公司在计算机服务器和个人电脑领域曾经独霸一方，但这种情况到 20 世纪 80 年代开始发生变化。由于服务器业务对公司利润的贡献超过了 90%，IBM 公司已经成为单一业务的公司，没有做好充足的准备去迎接市场的变化。公司进入了平稳期，而这也差点导致公司遭遇巨大的挫折。想想看，131 亿美元，IBM 公司在短短两年内的亏损额就如此骇人。

面对公司的种种问题和风险，IBM 公司董事会认为必须进行改变。董事会对高层进行了调整，路易斯·郭士纳（Louis Gerstner Jr.）出人意料地出任新首席执行官。他由 IBM 公司从外部引入，而且欠缺科技领域的经验。出任 IBM 公司首席执行官对他而言是一项让人望而生畏的挑战，尤其在当时，有众多分析师和媒体公开质疑他是否有能力承担这份工作，或者说是否做好了迎接这份挑战的准备。

郭士纳发现 IBM 公司最大的问题之一就是自满文化盛行。员工们认为，IBM 公司曾经取得辉煌的成就，这种灿烂光辉会永久不散。公司认为自己可以借助过往成功之东风继续破浪远航。而事实上，这股东风已经将船冲到岸边，IBM 大船搁浅了。更糟糕的是，公司在进入平稳期后开始走下坡路，陷入停滞不前的状况。郭士纳和其管理团队如果继续当前的道路，风险会小很多，但郭士纳做了另外的决定。他发现自己必须做出选择：或者带领 IBM 公司突破平稳期；或者让 IBM 公司继续此前的道路，一直往下，走上一条不归路。

他勇敢地选择了第一条道路。事实最终也证明，他彻底改变了 IBM 公司的未来。正如郭士纳所说的，公司所采取的举措将决定 IBM 公司是“变成信息技术产业内一个不用担心生存的从业者，日子过得舒适惬意，但在业内无关紧要；还是再次成为业内一家举足轻重的公司”。换言之，他知道 IBM 公司可以继续保住当前的平稳期，日子舒坦，但在业内无足轻重；或者进行翻天覆地的改变，再次成为行业的领头羊。

他做的第一件事情可能也是最重要的事情就是，掉转公司这艘大船的船头。前任首席执行官约翰 · 艾克斯（John Akers）此前已经获得支持，将 IBM 公司的架构打破，采用独立的业务部制，从而实现以市场为基础的分权决策。郭士纳分析了未来，脑中有了另外的蓝图。他认为在这个市场里，消费者希望获得端对端的解决方案。他相信消费者真正需要的是全面的解决方案和持续不断的支持。他决定以此为基础，从战略角度出发，分析哪些业务部门可以继续保留，然后在公司的框架下进行整体运营。同时，他大力投资服务领域。在他的管理下，该业务获得了极速发展，创收高达 300 亿美元。

郭士纳熟谙我们在策略 1 中所探讨的原则。虽然是空降兵，而且没有科技领域的从业背景，但他明白许多答案和创意可以从他人处找到。他花了大量的时间在 IBM 公司内外征求意见，征集大家的反馈信息。在他的带领下，IBM 公司发生了翻天覆地的变化，创造了举世瞩目的成就。郭士纳的举措可以套用一句关于野鸭的老话来概括：你可以驯服野鸭，但你无法将家鸭野化。该公司过去也一直使用这句话来表述自身文化重要的一部分。也就是说，IBM 公司意识到必须给员工空间，让他们能进行创造性的新工作，否则会导致公司沾沾自喜，停滞不前。这套理论究竟给 IBM 公司带来了多少创新？年复一年，IBM 公司每年的专利数量远远超过其他公司。

职场转折点，你的关键时刻

在职业发展道路上，某个时刻，你会接近或到达一个关键的节点。比较理想的状况是，你在靠近这个节点时就意识到了节点即将出现，这样就会有更多的时间制订相应的计划。在职业发展的道路上，人人都会遇到一次或多次这种情况。我们在策略 3 中曾经探讨过英特尔公司安迪·格鲁夫遇到的关键时刻。他将这种关键时刻称为职场转折点（career inflection points）。如果当年格鲁夫在转折点处做出错误的决定，那么他的职业生涯就不会那般辉煌。图 4-1 显示，从职场转折点出发，可能有 3 种不同的道路。此外，这将可能是一个决定职场发展的选择。你的抉择可以被归纳为 3 个方面：你可以决定做截然不同的尝试，突破平稳期（发展路径）；也可以享受当下，安安稳稳地过日子（稳定路径）；或者拒绝接受现实，罔顾平稳期的出现（停滞路径）。

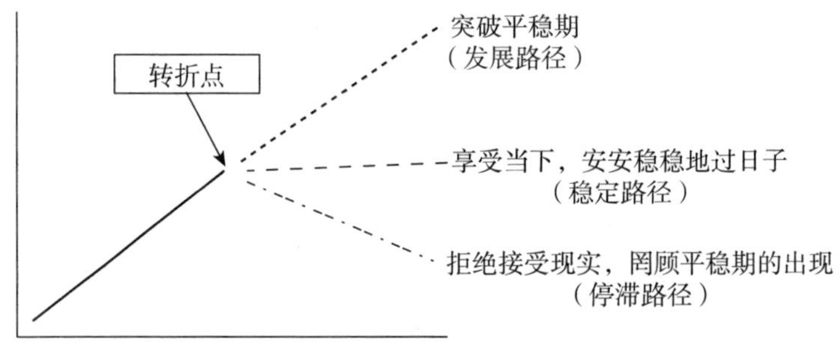

图 4-1　职场转折点

图 4-1 中最上面一条线所指的就是抓住机会，认清楚目前正是进行剧烈变革的时候，是一个让自己脱颖而出的时刻。你可以利用这个时机来获得发展。这种发展可能是自我提升，也可能是培养新的技能。在这个时候，可能会寻找一份新的工作，或者做一些截然不同的尝试。

中间的那条线是指安守平稳期。如果你选择了这条道路，那么必定会经过一段时间的反思，然后明白几个道理。如果继续当前的工作，这种平稳生活能持续下去吗？在通常情况下，这种状况不会持续下去，你会发现自己不能再创造价值，因此变得颇为失落。如果平稳生活能够持续下去，那么你就必须分析自己是否满意继续做当前的工作。对于一些人而言，这样也挺好。不过鉴于你正在阅读这本书，所以肯定不会考虑这条路线。

身处平稳期，也就是在稳定阶段时，必须确保自己的职业生涯发展道路不会开始慢慢变成下坡路。当你固守某样东西时，久而久之就会失去发展和创新的能力。而这也会破坏你的生涯线。生活正在发生改变，市场正在发生改变，你的目标也可能在发生着改变。你的路线自己规划，这个路线也可能随着时间的流逝而发生变化。所以重申一遍，必须避免发展路线出现太长的下坡路。

在下一节里，我们将探讨选择图 4-1 中的前两条道路的例子，并且分析这些选择带来的结果。图 4-1 中最下面的一条线（也就是唯一往下走的那条线）就是拒绝接受现实，不愿承认情况已经发生了改变；或者像鸵鸟一样，将头埋进沙子里，选择忽视这种改变。在策略 5 中，我们将更详细地探讨这种选择，也就是停滞不前。

发展路径：突破平稳期

2008年，时年59岁的乔·莫格利亚（Joe Moglia）宣布卸任亚美利交易控股公司（TD Ameritrade）首席执行官一职，结束了一段非常辉煌的职业生涯。此后，他的选择出乎所有人意料。回顾莫格利亚的职场生涯线，就不难懂得为什么那么多人会为他后来的尝试震惊不已了。

33岁时，莫格利亚已经成了达特茅斯学院橄榄球队出色的防卫教练，成功带领球队在此前两个赛季里连续摘得常春藤联盟的桂冠。但此后，他逐渐走上另一条道路。他似乎放弃了自己成为一级大学橄榄球队主教练的梦想，选择到美林证券公司（Merrill Lynch）从底层做起。离开教练工作对他来说并非易事，但做这个选择，为的是能够为家人创造更好的经济条件。接下来的17年里，他一直在美林证券公司就职，并且一路从底层“爬”到了高管职位。2001年，他离开美林证券公司，出任亚美利交易控股公司首席执行官。在他的领导下，当时问题重重的亚美利交易控股公司实现了惊天大逆转。在他担任首席执行官的7年里，亚美利交易控股公司所管理的资产从240亿美元猛增到3 000亿美元，增长超过12倍。

离开亚美利交易控股公司之后，他的职场生涯线开始往新的方向发展，而且他在这条道路上表现出了惊人的毅力。他的新生涯线实际上就是重新回到最初的道路上。他一直梦想成为一级大学橄榄球队的主教练，而且也想再次朝着这个梦想进发，为此就必须在经济上做出牺牲。在担任首席执行官期间，他每年的收入过百万。但他放弃了丰厚的收入，前往内布拉斯加大学（University of Nebraska Cornhuskers）做没有工资的“实习生”。在内布拉斯加大学的两年里，他像拿工资的教练一样加班加点，以便自己能够重新找回多年前曾经放弃的那份感觉。之所以这么做，是因为他觉得这种战略性的转变没有错，而且最终可以使他成为一级大学橄榄球队的主教练。2011 年，时年 62 岁的他又迈出一步，距离自己的目标更近了。当时他首次成了美国联合橄榄球联盟（United Football League, UFL）奥马哈夜鹰队（Omaha Nighthawks）的主教练。

在加入美国联合橄榄球联盟一个赛季之后，莫格利亚申请了一级大学橄榄球队的主教练一职。最终，他到达了自己职业发展道路上一直梦想的地方，成了卡罗来纳海岸大学公鸡队（Coastal Carolina University Chanticleers）的主教练。他不仅实现了自身职业发展的目标，同时还取得了瞩目的成就。在他担任主教练的第一年里，这支橄榄球队就赢得了联盟赛的冠军，而他也获得了年度最佳教练的头衔。

莫格利亚做出离开亚美利交易控股公司的决定并不轻松。放弃一份工作，放弃一份职业，这是非常艰难的决定，更不用说是一份让你衣食无忧的工作，一份众人之上的工作。但他预先看到自己当前的工作正逐渐走向平稳期。到达平稳期后，他也许可以付出更多的努力，但职业道路的发展不会再那么得力，或者说不会那么令人满意。

并非人人都要像莫格利亚一样，在突破平稳期时做出如此极端的选择，但大家面对机会时必须保持开放的心态，乐于尝试其他做事的方法。自己的生涯线自己做主。即使是选择了一条道路，重新再选择另一条也绝对不会过晚。诺拉·奥克斯或许就是最好的例子，95 岁高龄的她成了有史以来年龄最大的大学毕业生。但奥克斯并没有就此止步，她继续学习，在 3 年后也就是 2010 年获得了硕士学位。当一切进展顺利时，要改变方向可能会非常艰难。不过诺拉·奥克斯的经历告诉我们，你可以做到。请睁大双眼，处处留心，时刻准备着吧！

稳定路径：固守平稳期

留在平稳期并不一定就是坏事。不过如果你决定固守平稳期，就必须接受自己的决定，不要后悔。你不仅仅要明白这点，而且要懂得目标和抱负会决定你对平稳期的看法，也就是说它们将决定平稳期最终会给你带来积极还是消极的影响。有时候可能你所到达的职业发展平稳期相当理想。事实上，最好的办法可能就是让这种平稳期持续下去。

> **蜕变 Tips**
>
> 如果你决定固守平稳期，就必须接受自己的决定，不要后悔。

让我们以阿强为例。他是一位律师，任职于《财富》1 000 强的一家公司，事业发展相当顺利。阿强在公司内快速获得提升，年纪轻轻就已经成了法律部的高级员工。而为了实现这点，他不得不加班加点，并且常常出差。成功给他带来了更多的晋升，但他一一拒绝了这些机会。这点让上司颇感不解，他不明白为什么这位曾经前途远大的律师不希望获得更大的权力、更高的薪水和知名度。

我曾经与阿强有过数次合作。当我向他提出这个问题时，他的回答非常简单。在职业发展初期，他做出了许多牺牲以换取发展，向自己的梦想进发。而在实现这些后，他发现自己不再渴望继续往上“爬”。他已经到达了自己所喜欢的层次。在这里，他可以在自己喜欢的专业领域内工作。他意识到自己非常满意当前的状态，希望能够让这种平稳状态持续下去。

阿强认为可以让这种状态持续下去，所以这个平稳期对他而言有百利而无一害。他发现这种状态让自己非常惬意和满足。如果他希望获得进一步的发展，但又没有能力做到，那么这个平稳期可能会带来消极的影响。面对消极的平稳期，你不会感到满意，反而会觉得堵心，进而停滞不前。

再来看看克劳迪娅的例子。

在数次晋升之后，克劳迪娅成了总经理。在担任总经理约一年后，她又得到新的任命，到外地去创立新的分公司，此后有机会负责多个地区的市场工作。克劳迪娅非常高兴能得到公司的赏识和支持，但她表示自己不想换工作。与阿强一样，她的理由也非常简单。她对自己当前的工作非常满意，也知道自己的家人深爱他们生活的地方，并融入了所在的社区。新工作要去往外地，那也意味着要搬家，面对全新的环境，这点并非她所愿。克劳迪娅非常喜欢自己的团队，而且在团队内承诺要带领自己的地区分公司继续发展，成为公司内最出色的部门。这种态度和目标并没有问题。克劳迪娅让我们看到，她已经找到了自己积极的平稳期。

我希望澄清一点：**积极的平稳期并不一定意味着你能够高枕无忧。**你还需要不断发展，不断跟上工作的变化步伐。满足于某个平稳期并不一定意味着就此停步、不再学习、不再努力。如若这样，曾经积极的平稳期就会很快发生转变，带来消极的影响。

深度学习，创造心流状态

在职业生涯的某些时间点，平稳期可能是一种理想的状态，因此我们应该去发现在这段时期里可以创造哪些职场收益。平稳期可以给你一个稳定的阶段和深度学习的机会。这个稳定的阶段甚至看上去像是职场的休息时间，因为你非常了解自己所做的工作，似乎不用再像从前那样拼命。但几乎在所有情况下，达到这种能力水平并不意味着你已经完全掌握了某些东西，因为始终都有更多东西需要学习。

你必须意识到自己正在靠近或已经处于平稳期，然后决定怎么应对。与阿强和克劳迪娅一样，你也会在某个时候非常喜欢当前的工作，希望能在未来一直继续做这些事情。这点没有错。但如果你想要换到其他岗位，或者是希望职责范围能得到扩大，就必须快速制订路线图，离开平稳期。在平稳期里待的时间过长，你的状态就会从稳定变为停滞。当你所计划的生涯线相比他人处于劣势时，这种情况就会出现。在策略 5 中你将发现，这可能是多种因素所导致的，其中包括没有学习新技能，没有进行创新，以及变得自满。

在认识到切勿自满的重要性之后，在平稳期内度过一段稳定的时间也会有积极的一面，能够让你有机会在特定领域做到精通。在米哈里·希斯赞特米哈伊[①]称为心流（flow）的状态中，你会精通某些东西，从而感觉当前的工作做起来得心应手，由此有一种了然如心的感觉，自己也信心满满。曾经看来颇有难度的东西似乎变得毫不费劲。或者即使你未能完全精通某项工作，也可能会沉迷于其中，忘记了时间的流逝。

你是否有过在工作中全神贯注的经历？当时你都忘记了时间。也许你因此忘了吃午饭，或者是开会迟到。如果有过这种经历，那就是处于心流的状态。它就像沉迷于一些活动，而这些活动要满足 3 个基本的

① 米哈里·希斯赞特米哈伊（Mihály Csíkszentmihályi）的著作《创造力》中文简体字版已由湛庐文化策划，浙江人民出版社出版发行。——编者注

条件，即你喜欢这件事，它要求必须精神集中，而且你有做这件事的能力。

当任务具有难度，而且某人在该领域拥有出众的才华和相当的兴趣时，就会出现心流的状态。希斯赞特米哈伊用外科医生来举例，因为这是最适合心流的一种工作。成功的外科医生不仅仅要热爱自己的工作，同时也有最适合于心流的环境（在手术室内必须精神高度集中，不得分心）。在一次实验中，希斯赞特米哈伊对工人们经历心流的频率进行了监测。他发现，心流的频率越高，对工作的满意度也就越高。如果你从未在工作中经历过心流状态，而且常常看着手表计算着下班的时间，就说明你并不喜欢这份工作。这也意味着你应该开始思考在职场生涯线上迈出新的一步。

当你在活动中不能投入其中，或者当你缺乏相关的技能，就不会出现心流的状态。任何事情的技巧久而久之都可以得到培养和提高，但你必须拥有基本的能力，这需要大量的练习。不过并非任何类型的练习都可以，它必须是专注且经过深思熟虑的。如果想要学会弹钢琴，关上电视机，消除一切让人分心的东西，那么练习的

蜕变 Tips

如果你从未在工作中经历过心流状态，而且常常看着手表计算着下班的时间，那么就说明你并不喜欢这份工作。这也意味着你应该开始思考在职场道路上迈出新的一步。

效果就会高出许多。如果你拥有清晰的目标，并且遵循了一定的计划，那么效果会更好。此外，针对自己的表现征求反馈意见，你练习的效果会更出色。

安德斯·艾利克森（K. Anders Ericsson）和同事们进行的研究已经显示，要真正精通某件事情，至少需要 10 年时间的专注练习。这项研究结果被称为“一万小时定律”，已经广为流传。所谓的一万小时，说的是要想成为特定领域里的佼佼者，在这 10 年里要进行大概一万小时的练习。在工作中，如果不断从一个岗位换到另一个岗位，虽然学习速度很快，但还不足以让你有时间进行深度学习。在平稳期里，你可以有时间进行这种刻意的练习。当然，待身处平稳期的时候，你早就已经花过大量的时间进行学习了，由此你可能在自己的专业领域里已经积累了多年的“练习”。艾里克森提到了威廉·布莱恩（William Bryan）和诺布尔·哈特（Noble Harter）早在 1897 年所做的研究，后者在分析摩尔斯电码操作员技能培养能力的平稳期时发现了这点。研究人员发现，当操作员身处平稳期（即他们的技能不再轻易得到改进的时候），可以通过对其进行有针对性的刻意培训来突破平稳期。

如果你还记得在策略 2 中介绍的毅力和内在驱动力的话，就会发现，它们是在工作中创造心流状态的两个关键要素。如果没有毅力，就难以进行刻意的练习；如果你在工作中没有驱动力，也同样难以坚持下

蜕变 Tips

在平稳期里，你可以培养一些技能，不仅提升自己在当前岗位上的技能，而且还为下一个岗位做好准备。

去。不过当你拥有了这两个要素，就能提升自身的技能，创造心流状态。你甚至开始感觉自己拥有点石成金的能力，而且你做的所有事情将变得很有价值。

最后，在平稳期里，你可以培养一些技能，不仅提升自己在当前岗位上的技能，而且还为下一个岗位做好准备。你正通过各种方式来扩充技能，让自己能更为轻松地过渡到下一步。它将让你在面对下一个挑战时精力更充沛，更乐观向上。

抓住趋势，持续创新

我们不能仅仅盯着那些曾经的成功，这点非常重要。尽管你不想忘记自己的成功，但把心思放在成功上太久就会有问题。这样做会蒙蔽你的双眼，让你看不到那些会彻底改变游戏规则的超凡发展趋势。如果早早地抓住这些趋势，就能够推动自身的发展。错过它们可能会导致你走下坡路，阻止你靠自己去培养或开发新的或创新型的技能、方法和产品。当你眼里只盯着自己的成功，就很容易错过身边发生的一切。等意识到身边所发生的一切时，你已经身处平稳期了。

让我们以 2012 年 6 月 29 日的新闻为例。当时，美国有线电视新闻网（CNN）和《福布斯》杂志报道了截然不同的新闻，彼此之间却有着难解的关系。《福布斯》杂志报道了苹果公司发展中的重大里程碑。美国有线电视新闻网则介绍了一家曾经繁荣发展的公司在最近数年里怎么走下坡路。《福布斯》杂志说的是 iPhone 手机诞生 5 周年纪念，庆祝其巨大的成功。美国有线电视新闻网则是在探讨 RIM 公司惊人的衰退，该公司是曾经无所不能的黑莓手机的制造商。

iPhone 手机的成功与 RIM 公司近乎彻底的崩塌直接相关。主要的差别在哪里？创新。史蒂夫·乔布斯和苹果公司从未停止过创新，但 RIM 公司从未能超越黑莓手机的成功。尽管该手机曾让人惊叹，而且几乎占据了整个重要的企业市场，但 RIM 公司迟迟未做调整。公司并未看到市场正在经历什么样的发展趋势，也未对公司发展方向做出必要的纠正。公司因为过去的成功而沾沾自喜，很快就进入了平稳期。公司所做的任何更改都相当细微，未能大幅改变公司产品在过去一直使用的模型。相反，苹果公司不断发布新产品，而且产品不断创新，带来了公司市场占有率的稳步增长。

雷富礼[①]说过："赢得世界最好的方法就是创新。"作为宝洁公司的首席执行官，他认识到了这点的重要性，并且将创新作为改变游戏规则的一种力量。不过他指出，单靠创新并不够，你还必须考虑目标和轻重

① 雷富礼（A. G. Lafley）的著作《宝洁制胜战略》中文简体字版已由湛庐文化策划，浙江人民出版社出版。——编者注

缓急。如果不这样，创新就可能毫无意义。如果苹果公司不能及时打造和推出新产品，那么所有的创新也是徒劳的。

与雷富礼和其他很多人一样，你也应该将创新作为自己突破平稳期的重要方法之一。你必须不断寻找创新点，并且在面对问题和机会时找出新颖的解决方案。记住，**新颖并不一定意味着困难，创新也不一定意味着必须是全新的。这是众多创新型解决方案最伟大的特点之一，即在大多数情况下你早已经有了答案，你只是需要突破自己的思维模式，发现面前正确的答案。**智能手机也不是苹果公司发明的。在该公司发布 iPhone 手机前，市面上已经有多款智能手机了。苹果公司的创新只是利用了早已存在的东西，然后在特色和功能上进行了创新的设计，超越了其他所有既有的产品。

在经典书籍《问题解决》（*On Problem Solving*）中，德国已故心理学家卡尔·登克尔（Karl Duncker）介绍了他进行的一系列实验。这些实验评估了哪些障碍会阻碍人们找到既定问题正确的解决方案。例如，研究人员给了参与者 6 根火柴棍，请他们用这些火柴棍拼出 4 个等边三角形。大部分参与者被标准的思考方式所蒙蔽，找不到正确的解决方法，尽管这件事情实在一目了然。试试看，看你是否能成功。[①]

在另一个常常被提到的问题上，登克尔给了参与者 3 个盒子：一个

① 答案可以在本书彩蛋中找到。——编者注

里面装了火柴，一个里面装了 3 支蜡烛，还有一个里面装满了大头钉（该实验给参与者提供的东西并非固定的，而是有多种变化，其中包括直接提供火柴和蜡烛但没有装在盒子里，以及在盒子里装满与解决方案无关的东西，例如纽扣）。实验的要求很简单，就是让参与者想办法把蜡烛固定到墙上，确保在点燃后蜡不会滴到地面上。一种方法就直接摆在人们的面前，但许多人未能发现。他们眼中的盒子只是用来装蜡烛等有待使用的物品的，却不是待使用的物品之一。

事实上，最好的解决方法就是把盒子里面的东西拿出来，然后用大头针将每个盒子开口朝上固定到墙上，这样蜡烛就可以放在盒子里点燃。参与实验的人受到了登克尔所称的功能固着（functional fixedness）的局限。简单一点来说，就是思维模式阻碍了人们解决问题。在出现功能固着时，你只能通过固定视角去看问题，而看不到潜在的解决方法。在这个实验中，许多参与人员看到了火柴盒、大头钉盒子以及一盒子蜡烛，却没有看到可以将盒子改为烛台。

在组织层面，钱·金（W. Chan Kim）和勒妮·莫博涅（Renee Mauborgne）对遵循红海或蓝海战略的公司进行了评估，以对创新进行分析。红海战略就是在既有领域进行竞争，而这些领域内的竞争是众所周知的。相比之下，蓝海战略就是进入一个未知领域，该领域的市场空间目前尚不知晓。尽管必须警惕红海，但进军蓝海就的确可以进行创新，让自己成为其中的佼佼者。

从多个方面来说，红海战略是一种防御性的，而蓝海战略则是进攻性的。之所以称为红海，是因为水域由于竞争对手的残酷无情而变得血腥。通过进军蓝海，你可以更多地去关注自身，将精力放在那些你认为进行创新和取得成功所必须做的事情上。由此你可以进行内部竞争，从而实现更令人满意的成果，无须去与他人一决高低。

要想超越，你必须创造最佳实践方法

企业正在不断寻找可以采用的最佳实践方法，以获得一定的优势。但如果在这方面付出的努力太多，也会带来问题。你应该向那些比你做得好的企业学习最佳实践方法，但这样只是在迎头赶上对方。如果仅仅只是采用别人的最佳实践方法，你就只是在弥补你们之间的差距。要想超越，你就必须进行改进，创造最佳实践方法。这样你才能抢在那些技能被普遍推广之前将它们充分利用起来。你会希望自身的品牌和技能能够成为他人想要学习的对象。当到达了这个层次，你就能成为他人的导师。在策略 1 中我们介绍过，成为他人的导师也是非常宝贵的经历。如果你不能在这方面保持领先，就可能会在平稳期内停滞不前。

因为有着长远的目光，亨利 · 福特永远改变了我们的出行方式。山姆 · 沃尔顿意识到可以通过建设和管理全球最出色的物流网络来大幅削减成本。史蒂夫 · 乔布斯高瞻远瞩，对平板电脑发起了革命。比尔 · 沃尔什的西海岸进攻改变了职业橄榄球比赛中的传球进攻。这些人都是在寻找机会并加以利用，创造了最佳实践方法，让其他个人和企业纷纷效仿。要在职业生涯中做到这样，你必须付出努力，比他人更快速地进行改变。想想看，要看出自己慢慢变老比较困难，但要看出一个久未见面的朋友变老了就要容易一些，这是因为人们难以看到面前缓慢的变化。现在，把这点搬到职场中来。**如果你一心只放在自己精通的领域，可能就难以注意到外部事物的变化速度有多快。**

关于平稳期，其独特之处在于个人环境决定了在特定时刻应该如何看待它。平稳期并不一定就很糟糕，也不一定就一直很好。平稳期的好坏取决于一定的情况。对某人来说是消极的平稳期，对另一人来说也许是积极的平稳期或理想的状态。阿强和克劳迪娅都才华横溢，能力出众，发展机会也不错，但他们决定拒绝理想的职业发展机会，主要原因就在于他们真的喜欢当前的工作。

当你在职场生涯线上往前迈出一步后，不要让自己在那一刻享受太长的时间。你在那里获得的技能并不一定能让你长时间地停留在那里。如果休息，就会进入平稳期。在体育运动中，我们常常听说运动员的成绩在签署了大合同后下滑。他们花了多年的时间创造出色的成绩，就是为了保证取得新合同。他们通常会享受这种成功，不能继续去创造更出色的成绩。他们可能会继续表现不错，但未能如人们所预期的那样继续提升到下一个层次。

平稳期也许会让人们反思。也许，你是时候考虑改变一下方向了。你也许想探索一条此前从未想过的新路线，或者希望能像莫格利亚一样，重新考虑那条多年前曾经放弃的理想生涯线。如果你正在阅读本书，并且因为当前的状态颇感沮丧，那么请考虑一下，这是你此前想要的状态吗？这是你想要做的事情吗？如果不是，你此前是否曾经对某事充满了激情？现在可以重拾那些事情了。

最终，你必须决定如果到达平稳期，应该选择哪条道路。也许是本策略中所讨论的两种选择之一。正确的选择会让你在工作和生活中感受到最大的快乐和满足。

TRAJECTORY

蜕变轨迹

1. 积极的平稳期并不一定意味着你能够高枕无忧。
2. 新颖并不一定意味着困难，创新也不一定意味着是全新的。这是众多创新型解决方案最伟大的特点之一，即在大多数情况下你早已经有了答案，你只是需要突破自己的思维模式，发现面前正确的答案。
3. 如果你一心只放在自己精通的领域，可能就难以注意到外部事物的变化速度有多快。

THE ACTIVITY

职场演练 | 测一测你目前的状态

以下两列分别列出了10个词语。请花点时间思考当前的工作给你的感受，以及你目前在职业生涯中处于何种状态。请在每列中圈出最能描述自身感受的词语。

停滞不前	开心
受限	满足
枯燥乏味	激动兴奋
没有动力	全身心投入
愤怒	颇具挑战性
勉为其难	充满动力
精疲力竭	迫切
沮丧	相关性高
毫无意义	充满激情
气馁	充满意义

现在计算每列圈出的词语个数。如果在第一列圈出的词语比第二列多1～2个，那么你很可能正在走进平稳期。如果第一列圈出的词语比第二列多出许多，那么你正处于消极的平稳期，必须赶快采取行动，突破平稳期。如果第二列圈出的词语多于第一列，那么你目前状态不错，不会立即进入消极的平稳期。

TRAJECTORY

7 CAREER STRATEGIES

TO TAKE YOU FROM WHERE YOU ARE TO

WHERE YOU WANT TO BE

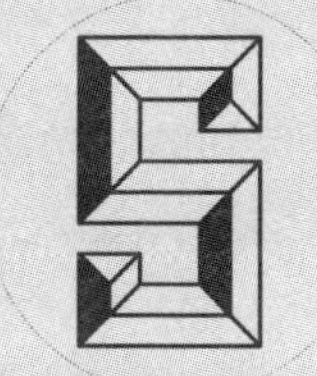

策略 5：及时刷新，避免停滞不前

有人取得了伟大的成就，这也证明其他人都能取得这些成就。

——亚伯拉罕·林肯

说到优秀的公司，组成道琼斯指数的那30家公司被视为黄金标准。之所以选中这些企业，是因为它们过去有着出色的表现，取得了令人瞩目的成功。这些都是蓝筹公司，为其他公司树立了卓越的标准。如果你知道道琼斯指数的构成因变化无常而闻名，或许就会更惊讶了。指数中所包括的公司不是稳定不变的，而是经常发生变化。事实上，道琼斯指数创立于1896年，此后指数中所包括的公司已经变动了48次。只有通用电气公司这家最早的成员之一从头至尾没有变动过。在2012年，其中半数以下的公司（确切来说是13家）是在1990年前被收入指数中的。从另一个角度来说，即在过去20年里，半数以上的企业被其他企业替代了。

既然这些优秀的企业都拥有过成功的业绩，那为什么它们的变动会如此之大呢？通用汽车公司和花旗集团都是业内的领头羊，但这样庞大的公司都衰退了，被踢出了道琼斯指数。这种情况通常会出现，是因为这些公司停滞不前，未能保持此前巨大的竞争优势。它们通常失去了优势，有时甚至是彻底衰败，原因就在于领导队伍未能适应变化的环境，制订合适的生涯线以避免停滞不前。这些公司没有不断寻找方法矗立潮头，而是失去了自己的发展道路。道琼斯指数保持稳定并避免停滞是非常容易的事情，因为它可以使用业绩更好的公司来取代那些业绩不佳的公司，从而保持更为明显的稳定。

与道琼斯指数不同，你没有类似的能力，能够立即将失败的东西换掉。例如，如果房子掉价了，你无法用它去交换另一处与其购买价相当的房子，从而让自己的房子保值。同样的原则也适用于你的职业。你必须不断规划自己的生涯线，从而保持住自己获得的进步或职场资本。你必须避免自满，由此避免衰退。**你必须在工作中创造并维持自己的溢价。如果不这样，企业会用你去“交换”业绩更出色的员工。**你必须确保自己不会停滞不前，从而防止出现这种结果。

这点在高增长的行业和企业内尤甚。在这些行业和企业内，对工作的要求可能会很快就超出你当前的技能水平。更具体一点来说，对工作绩效的期望会发生变化，如果不仔细一点，这种变化速度会轻易就超越自身技能的提升速度。这就要求你不断扩充自

蜕变 Tips

你必须改变那些没有意义的习惯，将精力放在有发展潜力的追求上。在扩充自身技能上所付出的努力将会为你创造巨大的红利，助你保持领先。

身技能，寻找改进的方法。如果发展和进步不能持续，创新也未能继续下去，可能就会出现停滞不前，那也就与我们所讨论的发展概念相悖了。

避免停滞不前的核心就是警惕自己需要改变的地方，以保持领先。一不小心，过去的成功就会轻易地变成维持成功的最大障碍。除了不让过去的成功阻碍自己继续改变和发展之外，你还必须改变那些没有意义的习惯，将精力放在有发展潜力的追求上。在扩充自身技能上所付出的努力将会为你创造巨大的红利，助你保持领先。

你必须跟上节奏

停滞不前可以被定义为不能取得发展、进步或前进，从而导致你进入消极的生涯线。当你停滞不前时，就会处于衰退的状态。这种衰退可能是逐渐发生的，也可能是突然出现的。这种衰退可以是与其他人进行对比，也可以是与自身此前的生涯线相比。遗憾的是，当停滞不前是逐渐发生的时候，变化会相当细微，令人难以觉察，等发现时你已经在下坡路上走了很远。这个概念在职场上具有重要的意义。不过在职场上，人们极少具有停滞意识，对停滞也鲜有相关的探讨。

有时候，这种衰退是自身的原因所致。或许是你没有如愿得到晋升，或许是你不再喜欢自己的工作，也可能是其他原因。有时候，这种衰退是源于你的学习和调整速度赶不上其他人。当你的技能赶不上环境的变化，其他人在往前走，而你在退步，这时停滞情况就会出现。这点相当重要，你必须仔细考虑。你可能仍然在做着那些曾经帮你取得成功的事情，可还是停滞不前。之所以出现这种情况，是因为其他人正在进步，正在以更快的速度提高自身的技能，这也就意味着你事实上在节节败退。

人们有时候会混淆停滞不前和平稳期。但正如我们在策略 4 中所探讨的，平稳期不一定就是消极的。这也是停滞不前和平稳期的关键区别所在。不同于平稳期，停滞不前始终是消极的，因为它会直接或间接导致你的技能退化，这就为他人提供了超越自己的好机会。有时候这种情况很难被注意到，因为你在工作中可能一定程度上受到了保护。换言之，你最直接的对比对象就是身边的人。

为了避免停滞不前，就必须与时俱进，赶上环境的变化，跟上形势的发展。正如在策略 1 中所探讨的，有时人们一门心思全放在自己的工作职责上，忽视了环顾四周，去看看现在正在发生什么变化，或者很快会发生什么变化。尽管这些变化现在看上去不一定那么重要，但它们可能很快就与你的成功紧密相关。为了避免停滞不前，切记要将反馈信息圈（参见图 1-1）中所有内容都考虑到。来自各个领域的信息都是相当宝贵的，能让你与时俱进。

蜕变 Tips

你最直接的对比对象就是身边的人。

你必须认识到，避免停滞不前是完全在我们的掌控范围之内的。这点不仅仅适用于个人、团队和组织，而且适用于整个经济。事实上，2012 年，赞尼·明顿·班道斯（Zanny Minton Beddoes）在《经济学人》上发表文章称，2012 年的经济停滞从本质上来说是自身所导致的。她认为经济政策问题（尤其是欧洲）源于一系列可以预防的原因。班道斯提出，即使领导者知道应该做什么，他们还是会不断避免做出重要的改变，以免破坏他人的自信。为什么全球经济衰退持续的时间超过了预期？她认为原因就在于一些可以避免的错误。

可以避免的错误不应该让它出现。可以避免，并不意味着容易避免，但意味着你可以去预防。可以避免的错误可能是不必要的错误、拖延做出决定或根本无法做出决定、忽视过去的教训，又或者是未能适应不断变化的环境。让我们根据这些来分析班道斯所说的经济停滞。政府反应速度不够快，此外，他们在解决问题时力度和毅力也不够。班道斯说，政府未能做出较大改变，而是不断提出他们的解决方案，选择安全但低效的中间道路。请参考这个例子，懂得在预防或消除停滞不前时不应该做什么事情。有时候只要稍加调整就够了，但许多时候，你必须做出较大改变以矗立潮头。不要害怕冒险。正如在经济领域一样，你可以采取安全举措继续苦干，但终将被职场所抛弃。

警惕和回避两种停滞

我们必须警惕和回避两种类型的停滞。第一种就是内在停滞（intrapersonal stagnation），第二种就是人际停滞（interpersonal stagnation）。这两种停滞对职业发展而言都是危险的，但你尤其需要小心避免内在停滞。如果你感觉自己在职业发展中停滞不前，或者一切的发展速度不够快，那么就应该马上确定是不是因为这两种类型的停滞。

内在停滞是自身引起的，将会导致你在一段时间里沿着消极的生涯线前行。在职业生涯中，这段生涯线最开始是自我怀疑悄悄滋生。之所以发生这种情况，是因为你对特定的工作或项目没有把握；也可能是因为你花费了太多的时间来重新评估自己正在做的事情，然后对下一步的方向没了把握。你因为那种不确定性而变得固执，然后工作所带来的兴趣和兴奋度开始降低。如果不对当前的状况加以管理，就会轻易变得墨守成规，绩效因此受到影响。这就是内在停滞。内在停滞在人们的控制范围之内，并非由外部事件或外在情况直接导致。

当分析职场生涯线中的内在停滞时，可以看出它始终会让人走下坡路。图 5-1 让我们看到当内在停滞发生时会出现何种情况。你有一条理想的生涯线，然后却因为某件或某些事情而让自己脱轨。这可能是因为个人状况，或者是外部事件，例如绩效下滑或害怕被解雇。实线代表的是理想的长期生涯线，上面的虚线代表的是在事件发生前曾经保持的发展趋势，而下面的虚线代表的是在脱轨事件发生后实际的生涯线。从图5-1中可以看出，在过去的发展趋势和目前的事实趋势之间存在很大的差距，或者说是机会损失。需要强调的是，机会损失并非是与停滞开始时的差异。事实上，机会损失是目前的状态和如果不发生脱轨本应该处于的状态之间的差异。

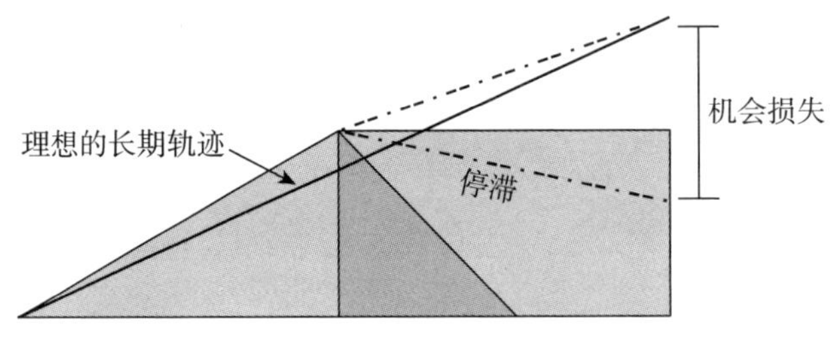

图 5-1　内在停滞

阿莉莎在一家大型的跨国集团工作，她也遇到了内在停滞。她相信自己的产品建议书能够创造数百万美元的销售额，并且花了大量的时间来研究市场，编写强有力的商业提案。她的策略细致详尽，没有什么可挑剔的。她也有可支持结论的市场研究，以及从现有顾客和未来潜在顾客处收集来的焦点小组数据。财务数据看上去也颇为得力。当阿莉莎向业务发展管理小组介绍自己的提案时，反响很好，并被要求再收集一些数据，一个月后再进行汇报。会议结束后，她自信满满，深信自己的建议书会在下一次会议上得到审批同意。

阿莉莎带着完善后的提案再次回到会议上，却惊讶地发现大家的反应没有第一次会议时那样热烈。事实上，她遇到的更像是阻力。尽管她认为自己的提案已经完美无缺，但在这次会议上，该提案被拒，而且她被要求放弃该提案。阿莉莎感觉自己被误导了，搞不清楚状况。她开始为所发生的事情编写自己的“故事”，并且认为管理层是在找茬，就想看着她失败。曾经的积极心态发生了转变，她开始变得消极。这时候，她的工作绩效逐渐受到影响，其他人也开始躲着她。她开始寻找新工作，并且在几个月后离职了。

在找原因时，阿莉莎并没有去思考当时的状况，就在她完善提案的那个月里，大规模的产品召回和负面新闻给公司核心产品之一造成了严重的影响，而该产品与阿莉莎所建议的产品同属一个类型。她认为提案被拒是因为管理层没有倾听她的构想，或者是没有去认可她所做出的贡献。但事实恰恰相反，管理层的确喜欢她的提案，只是时机不合适。他们非常喜欢她的建议，所以在她离开公司后不久，她的提案被全面采用，并且在市场上广受好评。正如阿莉莎所预测的那样，该提案实际上的确如预期那样提高了公司的营收。

阿莉莎的职场生涯线在她离职后出现了停滞不前。她选择的新工作和此前的工作非常类似，而她大部分时间并不是花在培养新技能上，而是被用来了解新公司、搞好关系以及重拾自信。因此她的职场生涯线在一段时间里开始走下坡路。依照图 5-1，她本可以走最上面的那条路线，但她让自己进入停滞，开始走下坡路，进入了较低的那条虚线。如果阿莉莎此前多花点时间围绕自己的提案更全面地了解情况，或许就能避免这种停滞。阿莉莎的问题类似于简在公司晋升流程中所犯的错误（参见策略 1）。阿莉莎当初只要问问任何一个人，了解自己的提案为什么没有被采用，或许就能快速发现这并非她自身原因所致。

尽管对职场的破坏性没有内在停滞那么强，但人际停滞也必须加以警惕，并且力争避免。**如果说内在停滞会让人犯错，那么人际停滞就是让你比不上身边的人。**当你的进步速度赶不上外部情况和竞争的变化速度，人际停滞就会出现。

图 5-2 显示了人际停滞的后果。假设你和一位同事处于同样的岗位，而且绩效大致相当。此后，市场的发展或组织结构的改变要求你必须改变自身的技能，或者是培养新技能。一方面，你没有充分注意到这种需求，还继续使用过去行得通的方法；另一方面，你的同事意识到情况已经发生改变，并且快速进行了调整。尽管你自身的绩效轨迹还维持不变，但因为情况的改变，你的绩效事实上在消退。最上面的那条虚线就是同事的生涯线，而下方的虚线就是你的生涯线。从两条虚线之间的差距可以看出，你正处于停滞状态。换言之，虽然你目前的生涯线仍然是朝上的，说明表现不错，但你们俩的绩效已经不再相同，而且你的发展趋势落后于同事。

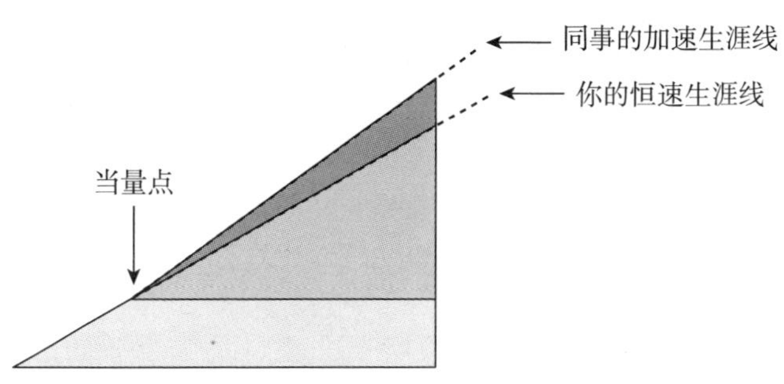

图 5-2 人际停滞

人际停滞可能会出现在个人层面，也会出现在组织层面。让我们以奈飞公司（Netflix）和其对百事达公司（Blockbuster）的影响为例。自成立以来，奈飞公司就一直是投资人的心头好，也受到了观众们的欢迎，为他们能在家看电影提供了方便。奈飞公司的创意在一定程度上源于其联合创始人里德·黑斯廷斯（Reed Hastings）看不起传统实体电影连锁租赁店收取滞纳金的行为，例如百事达公司。奈飞公司最初只是提供 DVD 光碟的配送服务，后来为了跟上科技发展和消费者需求的变化速度，公司不断发展，甚至推动了科技和需求的变化。奈飞公司本可以停留在平稳期，维持 DVD 光碟配送服务的市场领导地位，但公司认识到要想保持领导地位，就必须不断进行调整和改变。

该公司做出的重大改变之一就是扩大产品的数量，并同时让客户在电影之外还能下载各种电视节目。奈飞公司很早就注意到了科技领域的不断变化，并且扩展其服务类型，让用户可以在家中电脑上下载电影和利用流媒体看电影，甚至可以使用移动设备下载或看电影。最近，奈飞公司开始自创娱乐内容，第一部就是广受欢迎的电视剧《纸牌屋》（*House of Cards*）。

黑斯廷斯非常善于寻找机会，而他人甚至意识不到那些地方存在需求。他正在寻找蓝海（参见策略 4）。也许更为重要的是，他并没有因为奈飞公司的任何成功而自满。他不断探索、研究，以找到改进和扩张公司业务的方法。在《需求：缔造伟大商业传奇的根本力量》（*Demand*）①一书中，亚德里安·斯莱沃斯基（Adrian Slywotzky）回顾了奈飞公司极为不顺的起步。最初，订阅者的增长寥寥无几。奈飞公司的总部所在地和配送中心就位于旧金山，当时只有旧金山的订阅率还过得去。黑斯廷斯和其团队必须弄明白个中原因，所以他们收集订阅者的数据来了解不同顾客群之间的差异。他们发现，旧金山的订阅者之所以喜欢奈飞公司，是因为他们距离配送中心比较近，所以能快速收到自己订阅的 DVD 光碟。根据分析结果，奈飞公司开始设置更多的配送中心，并且发现配送中心附近区域的订阅者数量很快就开始攀升。

对比之下，百事达公司曾是美国最著名的电影租赁公司。该公司没有意识到在线内容这个新领域存在巨大的机会并抓住该机会，而是单纯地保持既有的路线，在平稳期里休息了一段时间，然后就快速陷入了停

① 此书中文简体字版已由湛庐文化策划，浙江人民出版社出版发行。——编者注

滞。如果百事达公司立即进行相对而言中等规模的投资，或许就能赶上奈飞公司，而无须后面付出巨大的努力。但最终，努力失败。那时，百事达公司想要在新兴市场内站稳脚跟，但落后奈飞公司太多，不得不申请破产。

在《创新者的窘境》（*The Innovator's Dilemma*）一书中，克莱顿·克里斯坦森（Clayton Christensen）从组织层面对这类问题进行了探讨。他对众多成功企业遭遇失败的原因进行了深入分析，见解深刻。他表示，这些公司并没有做错事，但那也正是他们遭遇失败的原因。他们未能像最初那样，付出更多的努力。与此同时，其他公司正在通过当量点，充分利用新的方法，让自己在竞争中领先一步。未能做到这点的公司正是人际停滞的例子。克里斯坦森分析的另一个案例就是软盘制造商。当时最初出现的是 14 英寸[①]软盘，接着是 8 英寸软盘，后面分别是 5 英寸软盘和 3.5 英寸软盘，每种不同尺寸的软盘领域都有市场领导者，只是这些市场领导者各不相同。每次都会有竞争对手冒出来，引领下一轮创新。

这些制造商之所以丧失了自身的优势，是因为他们过于一门心思改进当前的产品，却没有花足够的精力去开发下一代产品。但其实，这些新科技的市场领导者通常都开发出了下一代软盘，却没有去大力推广。

---

① 1 英寸 =2.54 厘米。

所以尽管梅莫雷克斯公司（Memorex）的确牵头往设计8英寸软盘的方向发展，该市场的先驱却是希捷科技（Seagate Technology）。梅莫雷克斯公司内部对是坚持成功的14英寸软盘还是进军新的8英寸软盘（当时只是有潜力）存在分歧。因此梅莫雷克斯公司将更多的时间放在14英寸软盘上，而没有花太多时间去开发下一代产品，也就是更小的8英寸软盘。

同样的道理也适用于职场。不要让过去的成功阻碍你前进的脚步。其他人也许会很快意识到必须进行改变，而且**如果不抢先进行改变的话，他们很快就会将你甩在后面**。让我们想想马尔科姆·格拉德威尔（Malcolm Gladwell）在其《引爆点》（*The Tipping Point*）一书中所提出的观点。在书中，他借助扩散研究来解释新产品如何被引入市场并取得成功。当有新产品被引入市场时，并非所有人在同时进行购买。例如，电视机刚面市时，有些人会急急忙忙去购买，而其他人则是等待数年后才购买（或者从未购买过）。在分析创新和产品被采用的方式时，就可以清楚看出，这些人扮演着两种最重要的角色，即创新者和内行。这些人抢在其他所有人前面看到了发展方向并欢迎这种变化。他们是产品和技术的早期采用者。同样，他们也是新技能的早期发现者和采用者。

在职场中，你应该立志成为创新者或内行，率先发现自己必须培养哪些新技能，这样能让你在工作中脱颖而出。如果等待时间太长，就会成为格拉德威尔划分的其他类人（早期大多数、后期大多数和滞后者），也就只是在努力跟上领头羊的脚步。通常而言，每个群体都是后续群体观察和学习的参考对象。当你是培养新技能的创新者，希望能在工作中创造更大的成功时，其他人将会对你进行观察并加以学习，这意味着你将在职场生涯线上维持一定的优势。

发现机会，快速反应

让我们再回到道琼斯指数，进一步分析那些被收入或踢出该指数的公司，你将会看到生涯线的变化速度有多快。例如，让我们看一下伊士曼柯达公司（Eastman Kodak）的发展。1930 年，伊士曼柯达公司被收入道琼斯指数，并且在之后的 74 年里一直维持这种状况。2004 年，公司在道琼斯指数中的位置被美国保险集团（American Insurance Group, AIG）所取代。当然，伊士曼柯达公司曾是全球最知名的品牌之一，但迷失了方向，不得不被其他公司取而代之。几年后，美国保险集团也失去了自身的优势。在被收入道琼斯指数短短 4 年后，美国保险集团被卡夫食品公司所取代！这值得我们认真思考。美国保险集团曾经被专家视为一家强大的公司，并取代了伊士曼柯达公司，但在短短 4 年后又被其他公司挤走。

不管是放弃某家公司还是选择某家新公司，这个决定都不轻松。正因为如此，人们才会为财富在不经意间的变化速度而惊讶。2004 年在被收入道琼斯指数时，美国保险集团的净收入刚刚突破 110 亿美元（后来被下调 10 多亿美元）。2008 年被踢出道琼斯指数时，该公司的损失达到了近 1 000 亿美元，与 2004 年相比差距达到了 1 100 亿美元！美国保险集团做了一些极为糟糕的投资决策，给许多人的财务状况造成了重创。最终，因为政府提供了高达 1 820 亿美元的救助，美国保险集团获得了重生。再快进到 2011 年，美国保险集团的盈利达到了 160 亿美元。美国保险集团最终通过一系列审慎的决定获得了复苏，其中包括重新将重点放在其核心保险业务上。该公司愿意请求并接受帮助，更为重要的一点在于，公司乐于承认错误，并且从中吸取教训。

美国保险集团的错误也为你提供了适用职场的重要教训。尽管在跌倒后也许能够再爬起来，但会有很长的路要走，而且这取决于错误的严重程度。美国保险集团的财务状况快速获得复苏，但就算到现在，公司的声誉还未得到完全恢复。美国保险集团曾经认为自己非常聪明，能够从一系列与抵押贷款绑定的衍生工具合同中盈利。但在房地产市场泡沫破碎后，美国保险集团不再拥有充足的流动资产来向债权人付款。这种重大的错误会带来恶性循环。小心，不要过分自信，过于放松自己会犯下致命错误。你应该保持自信，但不要像美国保险集团那样，因为自信和过去的成功而做出错误的假设，认为自己不可能犯错。

如果反应迅速且行动敏捷，你可以在停滞发生前消除重大错误。我想到了杰西卡的例子。她在工作中的表现并不出色，上司知道她有巨大的潜能，也就如何改进绩效与她进行过交谈。但她的绩效并没有得到改进，为此公司安排她加入一个绩效改进计划（PIP）。根据绩效改进计划，员工通常会有一定的时间来改进绩效。如果绩效未能得到改进，则要承担严重的后果，其中包括终止合同。

在拿到绩效改进计划时，杰西卡大吃一惊。也就是在那个时候，她意识到自己的职场生涯线正面临危险，必须马上采取举措来改进绩效。在接下来的几个月里，杰西卡密切关注在绩效改进计划上列出的要求。她扩充对工作而言至关重要的知识领域，并且开始使用新知识来提升自己的业绩。最终，因为绩效得到改进，公司让其退出了绩效改进计划。最终的结果还不止于此。也就在一年之后，她得到了提拔，来到新的岗位，有了更大的职权。杰西卡的例子体现了亡羊补牢的重要性。如果她等待太长的时间再加以调整，可能早已经完全停滞下来，甚至可能失去自己的工作。

最后，寻求帮助通常是一种明智的做法，并不会被人视为软弱。你并不需要像美国保险集团那样庞大的经济救助，但可以请其他人提供建议和指导。在争取进步和发展的同时，也就是让自己能够在该领域内往前走，否则就会变得停滞不前。正如你早就知道的，这点在现代劳动力市场中变得日渐重要。科技的快速发展变化让技能的停滞速度变得前所未有地快。

在现代人类历史上，取得成功所必需的技能和条件正在以前所未有的速度发生着改变。你有多少次听到人们怀念“过去的美好时光”？你自己又有多少次提起过去的美好日子？过去的美好日子通常是指几十年前的某段时光。但世界的发展速度现在要快得多。事实上，过去的美好时光也许只是5年前，或者甚至距离现在还不到5年。我们谈论没有手机的那些时候。我们难以想象没有互联网，生活会变得怎样；或者说没有了谷歌，或者说汽车里没有GPS，生活会怎样。这个世界正在快速发生着变化，而你必须进行适应和再创造。你必须能够改变自己做的事情和做事的方式。这并不意味着你必须改变自己。相反，你必须改变的是自身的技能，并且高瞻远瞩。如果不能快速适应变化，你就会停滞下来，或者更为糟糕的情况就是被淘汰。在快速发展的大企业内，不能快速适应的后果尤为严重。在这里，其他人将会把你当作发展的障碍，并且想方设法绕开你开展工作。

我想起了一位同事，他看出了行业正在发生变化，于是加倍努力来避免停滞。

比尔在分析团队已经工作了10多年，被视为大型数据处理方面的专家。他掌握了微软Excel的所有快捷方式，处理数据的速度远超其他同事。公司收集的数据正以指数方式增长，而比尔也发现单靠自己的Excel知识无法跟上公司在数据管理上的需求。比尔明白，他必须扩充自身技能，从而更好地管理公司的“大数据”。

在认识到这个需求后，比尔马上找到老板，表示自己有兴趣在该领域学习更多知识。他的老板也意识到这样对公司有好处，于是同意派比尔前去参加该主题即将召开的大会，并为他参加解析学培训的夜校提供学费。比尔不仅从中学到了更多知识，避免了停滞，同时该主题让他颇为兴奋，外加老板的支持，他在工作中更加投入。此外，他能够快速将自己所学运用到工作中，为公司做出了更多的贡献。

比尔被视为主动避免停滞的最佳例子。他发现了机会，并且快速做出反应。如果选择等待，他也许会难以跟上发展趋势或掌握新技能，所耗时间也会更长。

停止下注，避免墨守成规

在职场或生活中，停滞在任何时候都可能发生。停滞可能会以规避风险的形式出现，而且通常最初是从遇到挫折开始。停滞也会是不关心前方的事物或他人正在做的事情所导致的。这种停滞并非无法克服，而我们要做的就是直面挫折。

奥运会金牌得主、美国国家曲棍球联盟（National Hockey League）名人堂成员马里奥·拉缪（Mario Lemieux）就是最好的例子。他曾经效力于匹兹堡企鹅队（Pittsburgh Penguins）。在职业生涯中，他曾经背部出现问题，导致在职场的头 9 年里错过了 100 多场比赛。但此后，他遇到了更大的职场挫折。1993 年年初，他被诊断出患上了癌症。一个月后，他开始了总计 22 次的化疗。但真正让人惊讶的是他在最后一次治疗结束后立即做出的选择。他不仅登上飞机重新加入球队，而且在当晚就上场参赛。尽管许多人为之惊讶，但其他人感觉这是拉缪一直以来的计划。在治疗期间，他天天在准备着，打算以最快的速度重返赛场。正如拉缪所说的，在化疗期间，他始终保持乐观的态度，想着自己不仅要重返赛场，同时还要重新获得得分王头衔。这种强大的自信让他能未雨绸缪，避免了种种消极思想和疑虑，而这些消极思想和疑虑本可能会轻易就变成了停滞。

拉缪的经历让我们看到可以如何选择自己的生涯线。在被诊断患有癌症的时候，他并没有停滞，让自己的生涯线往下走。他本可以将患病作为理由，停止训练。他早已是美国国家曲棍球联盟历史上最成功的选手之一，而且如果他决定退休，没有人会质疑。但他没有那么做，而是再次成为美国全国曲棍球联盟的得分王，就像他在被诊断出癌症时告诉自己的那样。

为了避免停滞，最艰难的就是在变得墨守成规之前改变自己的做事方式。这要求你意识到曾经奏效的方法不再有效，但遗憾的是，这点并不那么容易做到。人们会花更多的时间，试图像以前一样取得同样的结果。但在情况发生改变后，再继续采用以前的方式的话，理想的结果便不会再出现。过去曾经给你带来回报的方法不再行得通，或者不再被认可。可是人们不是马上进行改变，而是继续坚持那些方法。还记得罗恩吗？正如我们在“前言”中介绍的那样，在被聘用之后，情况发生了变化，但他固守自己的舒适区，拒绝改变做事方式。

我们可以借用心理学研究来解释人们为什么就算知道情况发生改变还坚持过去的方式。通过更好地了解这种倾向，你能从一开始就发现这种倾向，从而让自己避免墨守成规。

按照增强理论，存在一种被称为消弱突现（extinction burst）的现象。当消弱突现出现，人们会不断尝试去做此前成功的事情，只是现在无法再取得成功。让我们拿饮料贩卖机为例。你认为它能工作，并且每次都希望出现同样的结果。只要投入几个硬币，按一下按钮，饮料就出现了。你是否观察过，当贩卖机不工作时，人们会怎么做吗？他们会盯着机器看一会，然后再次按按钮，并没有东西出来。接着，他们又再次按按钮，此后甚至是更快速地按按钮，可还是没有东西出来。于是他们再按。你现在明白了吧？他们重复同样的行为多次，最后才接受现实，明白期待的结果不会出现。要弄明白消弱突现，另一个简单的方式就是分析一下赌徒。他们不会接受失败然后离开，而是继续加大下注，希望能够赢得更多的钱，弥补自己之前的损失。

> **蜕变 Tips**
>
> 不要因为自身品牌和技能的增强而自满。不要像赌输的赌徒一样再加倍下注，不断重复过去的方式。你应该将自己的精力和努力转放到别的方向，去取得下一个成功。

同样的理论也可以应用到你的成功上，甚至是整个组织的成功上。在工作中，人们很容易重复同样的行为，就像是出现消弱突现一样，因为那是过去帮助你取得成功的方法。你不能让自己落入这个陷阱。在贩卖机不工作这件事上存在快速的学习曲线，多数人很快就会放弃。但在工作中，要弄明白曾经的方法行不通了，却并不容易。不同于面对功能失常的贩卖机，你也许难以承认曾经帮助自己取得成功的那些技能未来没有了用武之地。尤其是面对你尤为擅长的领域，或者是过去曾经颇受赞誉的领域，当过去的方法不奏效时，这点尤其正确。不要犯这种错误；不要因为自身品牌和技能的增强而自满；不要像赌输的赌徒一样再加倍下注，不断重复过去的方式。你应该将自己的精力和努力转放到别的方向，去取得下一个成功。

刷新，警惕你的职场份额被抢占

在互联网发展的初期，也就是在谷歌之前，人们常常使用雅虎进行搜索。从多个方面来说，当时雅虎都是一个相当出色的网站。但到2012年，直到1998年才推出的谷歌网已经抢占了超过66%的搜索引擎市场。为了帮助大家真正懂得这个市场份额有多大，你只需要回到 10 年前。2004 年，雅虎和谷歌都主要从事在线搜索，而且均宣称自己占据了 30% 的市场份额。从图 5-3 中就可以看出，这两家公司自此之后走上了截然不同的道路。雅虎公司让自己陷入了停滞，而谷歌公司一直追求创新和发展，并且不断尝试提高自身能力，增加产品种类。

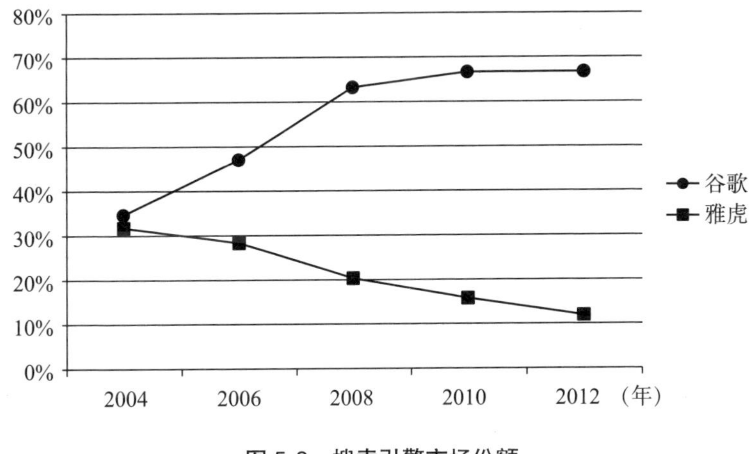

图 5-3　搜索引擎市场份额

谷歌地图、谷歌地球、谷歌图片、谷歌学术搜索以及谷歌购物都是该公司开发的一系列网站服务，颇受用户的喜欢。开发这些产品的目的就是将用户吸引到谷歌，从而提高用户流量，并由此获得广告营收。颇具讽刺意味的是，在为这部分内容做研究时，我还使用了谷歌网来搜索雅虎的背景信息。

> **蜕变 Tips**
>
> 不管你是与他人站在同一条起跑线上，还是领先较多，一定要时刻警惕谷歌这种竞争对手来抢占自己的职场份额。

分析图 5-3，你会看到停滞会快速导致向下的生涯线。从 2004 年起，两家公司分别走上了两条不同的道路。此后，谷歌公司开始加速前进，而雅虎公司所失去的市场基本上都落入了谷歌公司的手里。如果说雅虎只是进入平稳期，那么该公司还能保持 30% 的市场份额。这样的话还不算太糟糕，尤其是与其 2012 年 12% 的市场份额相比。从图 5-3 中可以清晰地看出，停滞会导致极速下滑。与雅虎公司一样，你的退步就是他人的进步。在这个例子中，谷歌公司充分利用了雅虎公司的自满，让自己成了当仁不让的市场领跑者。不要让这种情况也出现在你的职业生涯中，要始终牢记刷新自身技能和知识领域。如果做不到这点，你就只能去努力追赶别人。

在职场上，雅虎公司遇到的这类挑战贯穿其中。不管你是与他人站在同一条起跑线上，还是领先较多，一定要时刻警惕谷歌公司这种竞争对手来抢占自己的职场份额。众多调查显示，对员工们而言，工作中最重要的就是职场发展，其重要程度甚至超过了薪酬，所以你必须不断发展以避免停滞。否则不仅会败在他人面前，甚至会导致自身的职场发展停滞。职场没有发展，就会带来压力和紧张感，最终甚至可能害怕去上班。

在职场里，人们可以犯错后又快速重新站起来。例如，你可能一两个月内没有去征求他人的反馈信息（参见策略1），但在这期间，你也不会做太过分的事情，让自己很长的时间脱轨。可是如果发现自己深陷停滞，就可能会难以爬出来。当你让自己陷入停滞，就会产生深远的影响，且难以弥补。基于这个原因，你必须经常对自身技能的提高和职场生涯线上的进步进行评估，从而避免出现停滞。

从积极的变化中走出来，成为它的倡导者。你不能消极地坐在一旁，等着改变来找你。有时候，你必须去突破那些自己认为想当然的和舒适的事情。梅莫雷克斯公司在14英寸软盘上取得成功后感到颇为开心。尽管知道未来会向更小尺寸的软盘发展，而且也已经开发了相关技术，但公司未能快速打破自身模式，全力去追求未来的发展。如果你在发展方面始终只是浅尝辄止，将永远无法全力以赴、放手去追求理想。

TRAJECTORY

蜕变轨迹

1. 你必须在工作中创造并维持自己的溢价。如果不这样，企业会用你去“交换”业绩更出色的员工。
2. 如果说内在停滞会让人犯错，那么人际停滞就是让你比不上身边的人。

3. 如果不抢先进行改变的话，其他人很快就会将你甩在后面。
4. 在职场中，你应该立志成为创新者或内行，率先发现自己必须培养哪些新技能，这样将能让你在工作中脱颖而出。
5. 为了避免停滞，最艰难的就是在变得墨守成规之前改变自己的做事方式。

REFLECTION

职场演练 | 审视你的技能

哪种技能对你的工作而言至关重要，你也感觉自己在这方面有一定的优势？该技能应该能让你脱颖而出。回想一下最初开始本工作时，你凭借该技能取得了什么样的成就。该技能目前的重要性与当初是否一样？相比于其他同事而言，该技能目前是否让你拥有同样的竞争优势？如果没有，你要怎样才能重获那些优势？写下答案，然后列出必须马上培养和发展哪些新技能。

TRAJECTORY

7 CAREER STRATEGIES

TO TAKE YOU FROM WHERE YOU ARE TO

WHERE YOU WANT TO BE

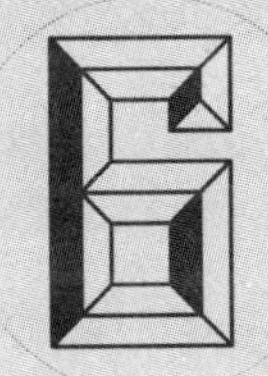

策略 6：7 大要诀，快速战胜失败

成功不是终点，失败也并非末日，最重要的是继续前进的勇气。

——温斯顿 · 丘吉尔

现在，你也许想起了“失败是成功之母”这句老话，以及它对职场生涯线的意义。当然，失败必定会带来一段下坡路。但在做出这番论断之前，首先必须懂得失败背后的原理。只要能从失败中总结经验教训，那么相比其他做法而言，你能更快速地重新站起来，避免继续走下坡路。事实上，如果你能吸取失败的教训，学习新知识，做好更充足的准备，那这就是建设性失败，能让你此后以更快的速度走上坡路。

托马斯·爱迪生常常被当作经过多次失败才取得成功的例子。当某种方法未能帮助他取得成功后，他非常善于将这次失败转变为建设性失败。他以面对失败时那种积极乐观的心态而闻名。人们称他在发明白炽灯的过程中失败了数百次，他却持不同的观点。在爱迪生看来，某种方法失败，也就意味着他可以在自己的清单上将这种方法划掉，因为已经证实该方法不能发明白炽灯。每失败一次，也就是距离成功又迈进了一步。他充满智慧的话语现在依然适用：“我没有失败，我只是发现了一万条行不通的路。我不会丧气，因为每次放弃一种错误的尝试方法就是往前迈进了一步。”换言之，他认为每次失败都是自己在通往发明白炽灯的道路上的进步。

对待失败的方式，类似于我们在策略 1 中所探讨的对待反馈信息的方式，即你必须保持客观。失败难以避免。如果失败了，不要太过主观。你应该反思并吸取教训，但不能让失败长时间地拖后腿。如果过于在意失败，或者是太过主观地对待失败，失败就会长时间地影响你。你会花太长的时间来回味失败，从而影响自己积极对待失败的能力。导致你走下坡路的并非失败本身，而是你对失败的态度。这是一个快速发展的世界，你必须能快速从错误（不仅仅是自身的错误，同时还有其他人的错误）中进行学习，从而增加自己保持领先的概率。

历史上不乏在经历种种失败之后功成名就之人。让我们以克里斯多夫·哥伦布为例，他希望能通过航海来出名，并创造财富。他的目标就是找到通往东印度群岛的道路，但最终他发现了美洲大陆。尽管他原意是在西方找到通往东方的道路，而在这个方面，他失败了。但历史已经证明，他是一位伟大的探索者。为什么？因为他根据自己掌握的新知识和所发生的种种事件而改变了航向，新航向最终永久地改变了这个世界。

要诀 1：接受失败，形成习得性乐观

如果你因为失败而烦恼不已，放心，并非只有你一人如此。人类天生就害怕失败。从进化的角度来说，这也是源于基本的生存意识。从最根本的角度来说，失败意味着没有食物或者没有可以遮蔽的地方，即无法获得生存的必需品。同样的原则也适用于现代社会。人们想要成功，而且他们通常希望其他人能认可自己的成功。对待失败也是如此。人们希望避免失败，而当遇到失败，他们并不想其他人不断提及它。当有人不断提及失败，他们很快就感觉失败是不可避免的，此时要坚持追求目标就变得更加艰难。

在一系列开创性的研究中，颇具开拓精神的心理学家马丁·塞利格曼[①]分析了导致人们放弃的种种情况。在最知名的实验中，他发现当给狗以电击，是否可以躲避电击将导致狗出现不同的行为。根据他所称的习得性无助（learned helplessness），狗如果无法躲避电击，慢慢就会放弃希望，停止寻找逃出的方法。狗感觉自己无法改变这种情况，因此放弃尝试。有趣的是，该理论背后的原则也就是现代隐形狗栅栏在被关闭电源后依然有效的原因。狗经过训练，知道自己走多远后就会被电击，此后即使该栅栏被关闭电源或存在破损，狗也不太可能尝试闯过去。

---

① 马丁·塞利格曼（Martin Seligman）的幸福五部曲《教出乐观的孩子》《认识自己，接纳自己》《真实的幸福》《活出最乐观的自己》《持续的幸福》中文简体字版已由湛庐文化策划，分别由北京联合出版公司、万卷出版公司、浙江人民出版社出版发行。——编者注

当习得性无助出现时，人们会认为特定的结果是个人无法控制的。该现象对人类而言尤为危险，因为它会让人们怨天尤人。如果你也出现习得性无助，就会认定其他因素和人将会决定你的成功。这会导致你将问题根源归结到其他人身上，或者是归结到所处的环境上。如果错误地将问题归咎到外部资源上，就会更加难以说服自己改变心态。**事实上，成功就是一种选择，是你自己的选择。**几乎所有重要的东西都是一种选择。你应该选择每天都竭尽所能，这样将让你拥有控制自身生涯线的能力。

习得性无助和失败之间存在一定的关联，这是因为成功事实上也是一种选择。关于习得性无助，你可以二选一：当情况发生改变，你可以形成习得性无助，告诉自己无能为力；或者你也可以做点什么，继续发展，培养自身的技能，以避免失败。尽管习得性无助会带来消极后果，但塞利格曼的研究也指出，它同样可以带来好的结果。这种现象被称为习得性乐观（learned optimism），即你相信自己的努力可以取得成功。正如我们学会接受失败一样，你也可以学会期待成功。我们将在策略7中介绍，研究显示，这种对好的结果的期待将会带来更多的成功。

正如爱迪生在每次失败之后所做的那样，你应该对情况进行重新评估，看看环境是否发生了改变。通过重新评估，你可以从错误中吸取教训，避免重蹈覆辙。过去行不通的方法并不一定意味着类似的方法在未

> 蜕变 Tips
>
> 正如爱迪生在每次失败之后所做的那样，你应该对情况进行重新评估，看看环境是否发生了改变。通过重新评估，你可以从错误中吸取教训，避免重蹈覆辙。过去行不通的方法并不一定意味着类似的方法在未来也行不通。

来也行不通。有时候情况发生了变化。过去曾经被质疑的东西，也许现在会赢得大家的掌声。

人类自然而然地喜欢“逃避”失败，因为从进化论的角度来说，失败相当于死亡。在多数情况下，失败的后果不再那么严重，但我们仍然难以接受失败，有时候会轻易放弃。因为失败可能会导致极端的后果，所以我们的大脑在处理和存储负面信息时天生就比面对正面信息时快。这也带来了所谓的消极偏见（negativity bias），即相比于好结果而言，坏结果会更多地影响人们的思维方式。

从历史上失败可能带来的恶劣后果来看，坏事的影响要比好事的影响更为持久，这也是适应进化所要求的。因为好事的效果通常会比坏事的效果更快消散。换言之，坏事“跟”着你的时间会更长，其他人记得的时间也会更久。因此你应该尽快从最严重的失败中站起来。据估计，我们至少需要 5 次积极的力量才能抵消一次消极的力量。为了抵消消极力量，你必须创造更多的积极力量，以使二者达到平衡。

如果害怕失败，自身的创造力和冒险精神也会受到限制，即我们在策略 3 中所探讨的乐于“大处着眼”就会受到影响。当害怕失败，你也会开始拖延，所有这一切是为了避免在你看来可能的失败。尽管可以从失败中吸取教训，但并非所有失败的后果都一样，有些要更为严重。失败可以被划分为3类：

- 可以预防的失败；
- 在复杂系统里无法避免的失败；
- 前沿的智慧型失败。

可以预防的失败将给你的职业生涯造成最严重的后果。例如，团队在等着下班之前收到一份文件，而你忘记将该文件发送出去。因此他们无法完成自己的工作，错过了关键的里程碑。这件事中唯一的教训就是不要再犯同样的错误。如果你下次再犯类似错误，很快就会失去他人的信任，自身的可靠性就会受损。另两种类型的失败要更为棘手，而你的积极态度依然至关重要。

当失败源于某不确定领域的复杂性时，你可以从中吸取重要的经验教训。在"9·11"事件中，当纽约的世贸大厦轰然倒塌，没有人想到会有那么巨大的损失，那么多人丧命。在那个乱哄哄的日子里，人们启动了史无前例的复杂的应急措施。现场急救人员遇到的最大障碍之一就是彼此之间无法进行通信。大量人员想要使用通信系统，导致该网络崩溃。此外，现场急救人员之间缺乏互操作性（多数人使用不同的通信系统，导致众多机构彼此之间无法进行通信）。尽管面对该复杂系统里无法避免的失败，人们还是取得了一定的进展，但就算现在，还有一些必要的处理工作尚未完成。

第三类失败，也就是前沿的智慧型失败，这通常被当作好的失败。原因在于这类失败所处的领域相当之新，所以如果从中吸取经验，就能取得巨大的进步。这类失败源于此前从未遇到过的事情或情况。试验新药物、开发新产品或者对公司发展方向进行大的调整以进军新领域（蓝海），这些都是例子。因为这是一个未知领域，有时候甚至成功在最初也被伪装成了失败。托马斯·爱迪生所付出的努力也是该领域的例子。在职业生涯的初期，爱迪生一心想开发可以成功上市并创造商业利益的产品。他发明了第一个电子计票器，可在选举中使用。当时他认为自己终于找到了想要的产品，并确信该产品能给投票流程带来革命，是未来的发展方向。问题就在于当时人们并不认同他的观点。他们普遍不信任此类能力，更愿意使用传统的方式来计票。当然，所有现代选举都使用了类似的电子计票方式。

要诀 2：创造性利用失败

就失败而言，最重要的就是不遗余力地从中发现积极的一面，然后致力于创造性地利用失败。事实上，这样甚至可能让你去做一些此前认为不可能的事情，或者想一些从未想过的事情。不管失败是自身导致的，还是无法控制的外部事物所导致的，这点都适用。美国银行（Bank of America）创始人阿马德奥·贾尼尼（Amadeo Giannini）经历过失败，也取得过辉煌的成功。他就是一个很好的例子，让我们明白必须在一系列可怕的事件之后去深入发现其中的积极因素。他最大的“失败”之一其实源于自身无法控制的事情。

1904年，贾尼尼在旧金山开设了自己的第一家银行。当时，普通人要想以合适的利率申请贷款，那是相当困难的事情。在20世纪初，只有富人才能享受到较低利率贷款。贾尼尼认为人性本善，中下层阶级也有责任心，会偿还贷款。他决定进军这个未知的蓝海，也就是我们在策略4中所探讨的概念。

大家还记得1906年在旧金山所发生的地震和因此导致的火灾吗？这场灾难摧毁了那座城市，近3 000人丧生，几乎所有的住宅和企业都被夷为平地。被地震摧毁的房子中也包括贾尼尼的银行大楼。但贾尼尼并没有一心盘算自己的损失，而是立即采取行动，利用当时的困难局面来发展自己的业务。此前，他曾经冒险为那些不够贷款资格的人提供服务。地震过后，他再次冒险，做了一些与众不同的事情。大银行家们不愿意进一步评估当时的情况。但贾尼尼不同，他发现人们现在更需要钱。于是，他快速赶到自家银行的废墟，抢在大火蔓延之前将钱从保险库里转移了出去。此后，他决定在户外重新开展银行业务，为客户提供他们急需的资金。这些做法让客户对他的银行更加信任，也吸引了新的客户。

没有人认为失败是好事，只是说失败不一定就是消极的。这就必须拥有很强的理解力和恢复力。贾尼尼分析了没有银行系统之后会出现的情况，并且发现银行可以发挥积极的作用，并赋予个人权力。由此，他决定建设分行，这在当时是一种非常新颖的做法。这让他把本可能成为永久性灾难的失败变成了一个重要的起始点，让他成为历史上最成功的银行家之一。

通往成功的关键一步被伪装成了失败，这种情况非常常见。如果你不去努力把握当时的情况，也许就错失了其中隐含的成功。有时候，表面看来的失败事实上可以帮助你奠定强大的基础。**这种失败只是一种表面现象，你需要更多的时间或洞察力来思考如何以此为基础获得发展。**橡皮泥、青霉素、告示贴以及其他许多产品都是从错误或失败中发明的。这些错误后来才变成宝石，成为巨大的成功。

要诀 3：反思，继续前行

反思是从失败中进行学习的关键要素。事后诸葛亮当然很正常，但它也是一种学习。如果说过去是序言，那么你必须学会利用过去（包括失败）来书写接下来的篇章。如果拥有正确的思维方式，并且选择将过去作为吸取经验教训的重要对象，那么你将能够把失败变成成功。为此，你必须努力寻找究竟是什么原因导致了失败，而这通常具有相当的难度。

> **蜕变 Tips**
>
> 尽管失败是可以避免的，但有时你必须认识到它可能源于你自身的缺点。越快接受这个现实，就能越快去寻找解决方案，避免未来继续失败。这才是真正重要的事情。

尽管失败是可以避免的，但有时你必须认识到它可能源于你自身的缺点。越快接受这个现实，就能越快去寻找解决方案，避免未来继续失败。这才是真正重要的事情。失败可以弥补吗？你下次能做得更好吗？是否有另一种方法来处理这种情况？通过问自己一系列类似问题来评估所处的情况，你将能更快地找到根源，制订新计划。

请不要在失败上纠缠太长时间。在评估完情况并制订了行动计划后，那就忘记失败吧，继续前行。反复思忖失败可能会带来严重的负面结果，会导致自己走下坡路。不要扮演受害者的角色，找一些消极的理由，或者是谴责其他人。不要浪费时间企图把责任推给他人，或者一个劲地寻找替罪羊。相反，要快速从自己的错误中学习，然后继续往前走。走错一步也就那样，并没有让你跌下悬崖。下一步走对，就可以再次继续前行。事实上，我们走得越远，失败看上去就越没有想象的那般可怕。到了某个时候，那些曾经看来可怕的失败只会让你一笑置之。

你也应该牢记，失败并不一定就无可辩驳，即使表面看来如此。有时候，它只是他人眼中的失败。而其他时间里，正如爱迪生和其电子计票器一样，失败是一种成功，只是需要较长的时间来加以证实。事实上，失败通常只是暂时的。

> 蜕变 Tips
>
> 不要浪费时间企图把责任推给他人，或者一个劲地寻找替罪羊。相反，要快速从自己的错误中学习，然后继续往前走。

约翰·格里森姆（John Grisham）的第一本书《杀戮时刻》（*A Time to Kill*）遭遇了多次拒绝。尽管他现在已经成了全球知名的作家，但他出版的第一本书在商业上遭遇了滑铁卢。在出版了第二本书《陷阱》（*The Firm*）后，他的职业生涯才开始起步。巧合的是，格里森姆本人的职场生涯线也因为人生的风风雨雨而经历了巨大的变化。一次，在法庭的一场审判中，他无意间听到一位 12 岁的受害者的证词，该证词深深触动了他。他开始好奇，如果孩子的父亲杀害了那些曾经强奸他孩子的人，将会发生什么事情。由此他开始撰写自己的第一本书。面对失败的风险，他从成功的执业律师华丽转身，变成了有史以来作品最畅销的作家之一。

要诀 4：别因为害怕失败而拒绝冒险

对生涯线最具破坏性的做法之一就是，因为害怕自认为不可避免的失败而拒绝冒险。在美国历史上，最伟大的一次军事胜利最初被视为送死的行为。如果行动的参与者都认为必败无疑，那么成功的概率就微乎其微了。我指的是第二次世界大战中发生在日本的杜利特尔空袭。所有的机组成员都认为即使失败的概率很高，但并非就是铁板钉钉的事，而这次任务是正确的选择。

空袭在 1942 年 4 月 18 日进行。当时共有 16 架轰炸机从美国太平洋西部的“大黄蜂”号（Hornet）航空母舰上起飞，每架飞机上配备了 5 名机组成员。这次突袭后来成为这场战役中最大的奇迹之一，也成为美国参与第二次世界大战的关键转折点。令人惊讶的是，尽管知道这次任务的胜算非常低，而且每位机组成员很可能会送命，但他们都志愿参战。

已知的问题就是飞机没有足够的燃料返回“大黄蜂”号航空母舰并安全着陆。轰炸机在发动空袭之后要继续飞行，前往在中国指定的安全区。此外，包括“大黄蜂”号航空母舰在内的这支战斗力量被一艘日本船只发现，并快速通知了日本总部，这进一步加大了参与行动的轰炸机的风险。因此轰炸机必须提前起飞，这也导致飞行里程有所增加。在投下炸弹后，机组成员很快发现，他们可能无法到达安全区，因为燃料不够，而且天气在恶化。这些飞行员没有在中国跳伞，其中 15 架在海岸坠毁，还有 1 架在苏联着陆。令人难以置信的是，多数飞行员死里逃生。

杜利特尔中校本人事后认为这场空袭并未取得成功，因为16架飞机都被毁，而且只给日本的目标造成轻微的损失。但切记，失败只是相对的。这次空袭并非失败，而是极大地提升了美国军队的士气，同时产生了另一种心理效应，它首次让日军高层对“日本是不可战胜的”这一说法产生了怀疑。

杜利特尔空袭中，所有参与者都是勇敢的志愿者，他们置生死于不顾。不同于他们，职场中的人士常常会因为可能遇到失败而放弃尝试。我记得一天，同事艾德走进我的办公室，沮丧地坐下来。我从他的眼神中看出了失望。他告诉我，他难以相信他人盗窃了自己的构想，并且拿去向公司汇报，并得到了很好的反响。在他向我讲述来龙去脉时，我很快就明白为什么那个建议会得到认可了。我问他，既然是他的想法，为什么会让其他人去介绍呢？

他花了一点时间才讲到问题的核心。他说，原因在于他不确定这个想法是否会被领导接受，他害怕可能会被“打”回来。他害怕失败，从而怯于采取行动。因为我们都会牢记失败，所以不采取行动的想法在脑中根深蒂固。我们必须认识到这点，不断进行尝试，久而久之，当你能够在失败之后取得成功，失败的那段记忆通常就会转瞬即逝。然而，如果你连试都不试，就只会空留遗憾。即使尝试之后还是失败，你也明白发生了什么，可以从中吸取教训，然后继续前行。幸运的是，艾德能够在项目中扮演重要的角色，从而感觉自己没有完全脱离当初的想法。他甚至对那个构想进行了提炼和改进。不过人们常常再也没有那种机会，只能空想如果自己当初进行尝试又会怎样。

要诀 5：从两个角度思考，让成功率达到最大

当你考虑是否要追求某件东西时，必须确保自己的追求目标在一定程度上切合实际。为了让成功的概率达到最大，最好从两个角度来分析。首先从半空的杯子的角度来分析，这样可以让你预先知晓在前进的道路上可能会遇到哪些障碍。不要过滤掉那些与预期结果不一致的信息，否则你可能会忽视一些重要的东西。通过分析障碍，我们能够找到扫除这些障碍的方法。其次，你也必须从半满的杯子的角度来分析。正如我们将在策略 7 中更为详细探讨的那样，这种积极的视角相当重要，能提高成功的概率。当你从这两个角度思考问题时，就能改变自身“是的，但是”和“是的，如果”这两种思维方式。最糟糕的做法莫过于只看到杯子有一半是空的，因为你只能从中找到一系列借口和“是的，但是”问题。

例如，人们正在尝试将两人（一男一女）送至火星轨道。这就要求对太空飞行工作此前所有的失败和挑战进行研究，分析其中的经验教训。但如果只关注这一点，你就只可能听到“是的，这是一项伟大的任务，但太远了”或“是的，我们可以建造合适的宇宙飞船，但成本太高”

之类的话语。任务的组织者们清楚风险所在，但他们欣然接纳这些风险，因为他们知道自己可以从过去的经历中学习，然后做一件史无前例的事情。正如组织者们所说的：

> 美国人应该乐于承担这些风险，推动知识的发展，丰富我们的经历，并拓宽我们的领域。我们相信所发现的风险和挑战都在我们集体的经验范围之内，且能够加以克服。

当你同时也关注半满的杯子时，就能够有积极的态度，并且听到“是的，如果我们能够在太空飞船里营造基本的舒适环境，以适合如此漫长的旅途”或“是的，只要确定何时火星距离地球最近之后，我们就能够这样做”这类话语。

在采取行动时，我们所有人面对自己要处理的问题都会存在一定的倾向。这在一定程度上左右着我们看待事物的态度。在策略中，我们不能深入去探讨各种风格偏好背后的心理原理，但你仍然可以轻易地把自己所认识的人划归到不同类型中。例如，有些人是观点提出者，他们总会找你，和你聊起下一代“伟大的发明”或想法。其他人则更喜欢提炼和完善现有的构想。当你告诉这些人某个设想，他们立即思考如何来加以完善。另一类人则喜欢向他人推销自己的想法，让他们来支持自己。但还有一类人喜欢接受已经成形的想法，然后执行，将它们变为现实。

为了在自身的追求中获得助力，你应该确定自身风格最接近于哪一类，然后再找其他类型的人来帮助你，以提高取得巨大成功的概率。例如，如果你喜欢提出构想，那么就拥有了“杯子是半满”的乐观心态。这时，你应该去找那些构想完善者（即看到杯子是半空的人）来帮助你改善设想。这样你就能预先消除一些潜在的问题，降低失败的可能性。

蜕变 Tips

如果你喜欢提出构想，那么就拥有了“杯子是半满”的乐观心态。这时，你应该去找那些构想完善者（即看到杯子是半空的人）来帮助你改善设想。这样你就能预先消除一些潜在的问题，降低失败的可能性。

要诀6：快速取得小胜利，避免连锁故障

2003年8月，美国5 000多万人遭遇了停电，而且是在同一天！这成了许多人在那年夏末的酷热中一段痛苦的经历。而最初，整个状况本来是完全可控的。在北俄亥俄州，一条电线因为过热而下垂，但正常的控制警报未能启动。由于电流无处可去，就被输送到另一条线路，然后又是另一条。此后这些线路都出现了问题，于是电流又必须再被输送到另一条线路，问题就此扩散开来。等到电流输送故障被修复，全美8个州和加拿大的人都受到了影响。

这种状况被称为连锁故障（cascading failure），即故障波及一系列

相互连通的系统。因为电网是相互连通的，所以关于连锁故障的探讨通常就局限于电网和计算机系统等网络。但在现实生活中，还有其他众多场景，只要小小的故障就会带来下一个问题，接着又是一个，由此累积起来。这些接二连三的故障最终造成了严重的问题。

2000年，法国航空公司协和式飞机空难中，100多人丧生。这也是连锁故障的一个例子。就在该协和式飞机在法国戴高乐国际机场起飞前5分钟，一架DC-10飞机从同一条跑道上起飞，机上掉下来一块小金属条。因为机械师在安装时太粗心，这块金属条松动了。在起飞过程中，协和式飞机的一个轮胎撞上了这块金属条，导致爆胎。爆胎导致一块塑料往上飞，正好击中机翼最薄弱的地方，飞机的一个油箱因此破裂。有人猜测，因为飞机轻微超载，而且机上的重量分布不均匀，所以在滑行时将大量的燃油转移到了那个油箱里，导致其压力超过了正常水平。于是，漏油处开始冒火，导致两个发动机出现故障，起落架也因此无法缩回。发动机故障导致飞机没有了最大动力，外加起落架卡住，飞机因此无法爬升或加速。飞机撞上了一家酒店，造成机上109人和地面4人因此丧生。

事故调查显示，在27年的服役时间里，协和式飞机共出现了57起爆胎事故，其中19起是因为撞上了地面的物体。但在所有爆胎事故中，没有出现油箱破裂并着火的情况。正如连锁故障一样，尽管协和式飞机任何单一的故障都不可能导致如此严重的后果，但所有事情综合在一起，造成了连锁故障，导致了最终的悲剧。

这两个例子所说明的连锁故障都相当极端，但其中的道理也适用于职场。最近的例子涉及罗恩·约翰逊（Ron Johnson），他曾在彭尼公司（J. C. Penney）担任首席执行官。在此之前，他曾在塔吉特公司（Target）成功的品牌重塑中发挥至关重要的作用，并且曾在苹果公司担任高管，颇受重用。约翰逊拥有成功的血统，但并未能带领彭尼公司取得成功。在约翰逊掌管彭尼公司这短短一年半内，公司营收下跌 40 亿美元。

他的目标是运用新战略来扭转彭尼公司的局面，改写零售业。他的战略基础是“店中店”的概念，即让购物者在店里闲逛时，购买非促销的商品。问题在于，这只是他个人的想法，他根本不考虑他人的想法或顾客的需求。约翰逊没有遵循“大处着眼，小处着手，快速行动”的策略，而是希望一次性把所有事情都做了。他没有从小处着手，然后进行学习、调整和扩大。他做出了众多糟糕的决策，而一旦某项工作在所有门店推开，就难以进行调整了。

这段经历可能在数年中都会成为商界的分析对象，并据此编写案例。但也许约翰逊最大的失败在于他不愿意听取反馈信息。而在策略 1 中我们已经明白，反馈信息是成功的关键所在。他认为在过去工作中行得通的东西当然也可以用于彭尼公司。他也犯了我们在策略 4 和策略 5 中所探讨的一个基本错误：他假定以前奏效的东西会继续奏效。他用前公司的同事替换掉了彭尼公司的多数高管，而这些前同事和他想法相同。他建设的组织架构让他几乎不可能得到真实的反馈信息，由此导致问题加剧。当人们有不同观点时，他不会去倾听，而是把这些人当作怀疑派。他想要的是信徒。事实上，他让本来可以控制的小问题变成了大问题，以致失败的结局。

为了避免造成连锁故障，你必须明白失败是有限的，尽管你可以从中学到很多东西。如果能避免接连犯错，就能在很大程度上避免失败破坏你的生涯线。此外，失败本身并不是问题。**失败是难以避免的，但你面对失败的反应是可以改变的。**问题就在于不能从失败中吸取教训，或者是不能快速从失败中吸取教训，又或者是让失败累积，最终给自己带来麻烦。训练自己快速从失败中学习的能力，这样你就能更快地向新的成功进发，然后再迈向更多成功。

最近的一份研究证实了在失败后争取成功的重要性。该研究在 4 个月内对 238 位职场专业人士（涉及 7 家公司和 3 个行业）进行了追踪研究。参与者被要求记工作日记，记录他们在不同情形中面对问题的反应。每天结束时，每位参与者要简要描述自己觉得最重要的一件事。结果显示，当人们取得进步时（即取得积极的结果），即使这些进步非常普通，他们也感觉非常美好。毫不意外的是，在那些最糟糕的日子里出现了失败或挫折。小胜利的重要性被称为发展原则（progress principle）。

研究人员发现，优秀绩效最重要的指标就是感觉取得了有意义的进步；他们也发现消极偏见会再次出现。小失败的影响力要大于积极成果的影响力。

在失败之后快速取得成功，这将会大幅提高你从失败中站起来并将之抛在脑后的速度。如果彭尼公司在转型过程中能取得更多积极的成果，即使只是小成果，那么也会有更多的机会创造发展动力。但约翰逊的决策破坏了士气，降低了人们的敬业度，而负面效应盖过了积极的影响力。

要诀7：乐于尝试，保持开放的心态

你将从积极的失败中得到重要的领悟和宝贵的经验教训。但是，那些面对新思想时持开放心态的人久而久之也会遇到更多的失败。这些失败并不只是个人错误导致的，更多是由于他们愿意进行尝试，乐于试验新的做事方式。路易斯·戈德堡（Lewis Goldberg）进行的研究介绍了5种决定个人风格偏好和个性的核心特征。

简要一点来说，这些特征中的第一个就是责任心，即个人做事的彻底性、可靠性和认真程度。第二个是外向性，即个人开朗活泼的本性、自信以及乐于寻求高刺激性的东西。第三个是亲和性，即乐于合作、和善可亲而且信任他人。第四个是情绪稳定性，即能管理个人的反应，保持冷静，避免喜怒无常。最后一个是乐于尝试，也就是愿意学习，喜欢尝试新事物，喜欢想象，有好奇心和创造力。

在针对 129 位刚刚迈入职场的大学毕业生的研究中，乐于尝试是非常重要的因素，决定了他们此后的职场生涯线。研究人员发现，随着员工们的心态开放程度增加，绩效下滑的速度开始降低。正如大家所知，几乎所有人都会在某个时候遇到平稳期，而在这段时期里，绩效就会降低。这是大家意料之中的事情，而且职场生涯线不会始终都是一飞冲天。保持开放的心态，乐于尝试新东西，由此员工能够推迟一些不可避免的绩效下滑的出现。换言之，他们的职场生涯线能在更长的时间里保持较快的发展速度。

大家应该还记得策略 5 中奈飞公司发现蓝海并成为新市场领跑者的例子，只是人们常常忽视了该公司面对失败的态度。尽管奈飞公司不断占领新市场，但它也遇到了很多的失败，许多还是众所周知的，关键就在于该公司的反应。公司纠正了方向。在一个非常著名的事件中，公司选择了对多数人而言非常艰难的决定，即道歉。**在犯错后，不要再加倍下注，让问题进一步累积。如果知道自己错了，那就承认错误，然后尽可能快地站起来往前走。**否认错误或拖延问题，只会让你在后面被落得更远。

失败通常被理解为出错，但失败的结果本应该是更积极的。现实中存在更为糟糕的失败，即因为恐惧而未能尝试重要的事情。当你懂得失败不会经常出现时，你将开启通往成功的大门，因为你不再需要将自己局限于思考小事情上。害怕失败时就会退缩。不惧怕失败的最佳方法就是接受失败，并学会从中吸取教训，避免未来重蹈覆辙。尽管当时看不出来，但如果你能驾驭失败并从中吸取教训，就能锻炼自己的性格。人们会记住你的性格。失败本身会稍纵即逝，但人们会记住你面对失败如何做出反应并从中站起来。此外，当你能快速站起来，就能避免停滞。停滞通常是一种持续的状态。但与停滞不同，失败只会出现在某个时刻，而你能快速通过那个时刻。

与受伤所带来的疼痛一样，失败也不是永恒的，它只是暂时的。痛苦的感觉不会始终不变，而且当你回首过去时，会发现痛苦的感觉久而久之似乎变淡了。想想看，最著名的失败莫过于当着数亿人的面竞选美国总统失败。但当那一幕所带来的伤痛感消退后，即使这些颇具影响力的人物回首当时的情景，也会持非常积极的心态。阿尔·戈尔在2000年美国总统竞选中的人气要比乔治·布什高，但选举人票数不及后者，失去了美国历史上最势均力敌的一场总统竞选。他本可以退出，独自品尝失败的痛楚。但他选择关注环境事业，追求另一条道路。他不仅找到了自己的事业，也在这个过程中得到了满足感。

TRAJECTORY

蜕变轨迹

1. 成功就是一种选择，是你自己的选择。
2. 有些失败只是一种表面现象，你需要更多的时间或洞察力来思考如何以此为基础获得发展。
3. 事后诸葛亮当然很正常，它也是一种学习。
4. 对生涯线最具破坏性的做法之一就是因为害怕自以为不可避免的失败而拒绝冒险。
5. 最糟糕的做法莫过于只看到杯子有一半是空的，因为你只能从中找到一系列借口和“是的，但是”问题。
6. 失败是难以避免的，但你面对失败的反应是可以改变的。
7. 在失败之后快速取得成功，这将会大幅提高你从失败中站起来并将之抛在脑后的速度。
8. 在犯错后，不要再加倍下注，让问题进一步累积。如果知道自己错了，那就承认错误，然后尽可能快地站起来往前走。

THE ACTION

职场演练 | 回顾你的失败时刻

想想看，你上次遇到失败是什么时候，失败越大越好。在下表每列中写下你对这次失败的记忆。在完成表格后，使用该表格提醒自己未来不要再犯同样或类似的错误。

我是如何反应的	我做了什么	我从中学到了什么	如果从头再来，我会有哪些不同的做法

TRAJECTORY

7 CAREER STRATEGIES

TO TAKE YOU FROM WHERE YOU ARE TO

WHERE YOU WANT TO BE

策略 7：用 4 大方法创造持续的绩效

成功的代价就是努力工作，全身心扑到当前的工作上，而且下定决心不管输赢，我们都会竭尽全力完成手中的任务。

——文斯 · 隆巴迪

到现在，你应该已经懂得哪些因素能够让你走在正轨上或者脱轨。在了解这些之后，你可以更好地实现自己沿途设定的目标。为了实现目标,取得成功,你必须将自身的经历“串”在一起,从而创造持续的绩效。这样将让你成为一个正离群值，在工作和生活中脱颖而出。从统计学上来说，离群值被定义为与其他值存在大幅差异的数据点。它可以被视为脱离了其他多数值。在成为离群值之后，切记要坚持下去,你可以采取一些有用的方法做到这点。

为了保持长期的成功，你在自身知识和做事方式上不能僵化。这点相当重要，因为它与你的生涯线相关。如果僵化死板，在应该绕道而行、选择捷径或者彻底改变目的地的时候，就会无法看清状况。你可能会难以注意到当时的需求，因为僵化有时是一种无意识的状态，人们会错误地认为他们会接受新思想，适应新思想。在策略 1 中，我们提到必须积极征求反馈信息。这样大有裨益，其中包括可以让你避免无意间变得僵化。反馈信息不仅让你能看清事实，也是一种积极变化的催化剂。你所需要和期待的东西会发生变化。在职业生涯中，你必须不断对自己所做的和所看重的事情进行重新评估。

你可能无法始终做到最出色，但你能够做到全力以赴，两者之间有很大的差别。人们所期待的是后者，而并非前者。只要全力以赴，就能实现更多的目标，并逐渐得到认可。当你坚持不懈，久而久之就能获得持续的绩效，而持续的绩效更为出色。

正如我们之前所讨论的，通用电气公司不仅仅是道琼斯指数中入选时间最长的公司，同时也是从指数创立以来唯一未被替换的公司。通用电气公司能保持这般出色的业绩并非偶然，能获得任何层次的持续绩效也非偶然。从早期开始，通用电气公司就不断开辟新天地，做他人未曾做过的事情。杰克·韦尔奇（Jack Welch）和通用电气公司的现代管理哲学早已闻名天下。该公司认为，企业非常容易忘记自己的立业之本。真正提出该思想的是托马斯·爱迪生。是的，正是那位发明了灯泡的先驱创立了这家全球最成功的公司，这家有着持续绩效的公司。一直到现在，通用电气公司仍在不断创新，把爱迪生的辉煌继续下去。

方法 1：想象成功

通用电气公司获得了持续绩效，而你也一样可以做到。我必须强调一点，即每个人的控制力甚至要超出他们自己的想象。相信自己，相信自己的能力，这样你就有更大的机会来实现自己的目标。你必须明白，你可能在无意间成为自己最大的支持者，或者是自身最大的障碍。你可以利用自身经历来获得发展或破坏发展，这一切取决于你对过去的理解。你必须坚信成功是可以实现的，它即将到来。从实际出发，但保持乐观，这样成功概率就会增加。

> **蜕变 Tips**
>
> 每个人的控制力甚至要超出他们自己的想象。相信自己，相信自己的能力，这样你就有更大的机会来实现自己的目标。

这时，你可能会问："我该怎么做呢？"你只要借助思想的力量和积极的信念就可以做到。对最终的结果进行想象，这种方法能帮助你在职场上一路实现目标。想象你的高尔夫球在草坪旗杆旁落地，想象你的第一家餐厅开门营业时人潮拥挤，想象你得到期待的提拔后将搬入的新办公室。

艾米特·史密斯表示，在美国国家橄榄球联盟效力时，他花了许多时间来想象对手防御阵线上的漏洞，有时候他会闭着眼睛跑，看自己能否击中某个漏洞。迈克尔·乔丹曾在一次篮球比赛中闭着眼睛投中罚球。试试吧。认真地加以尝试，它也会帮到你。在打保龄球时尝试一下，或者是在即将进行重要的演讲时加以尝试。不过更好的做法就是每当你为了即将到来的活动而备感焦虑时，试试这种方法。

如果你仍然怀疑是否值得花时间来进行想象的话，再换个情景。

你正在接受训练，为奥运会做准备，而教练让你在 4 支训练队伍中进行选择。你可以选择 A 队，遵循传统的方式，花 100% 的力气来进行体能训练。B 队将会花 75% 的体力和 25% 的脑力。C 队将会花 50% 的体力和 50% 的脑力。最后，D 队将会花 75% 的脑力和 25% 的体力进行训炼。设想一下，你会怎么选择？

在 1980 年奥运会前，据说苏联进行了这番测试。他们将运动员分为 4 个队。令人惊讶的是，D 队的运动员赢得的奖牌最多。科学家们发现，中枢神经系统并不能区分现实和想象的事件。通过想象，你开始树立信心，并且有意识地让自己记住面对特定情况时应该做何反应。这样也就训练了你的中枢神经系统来遵循自己植入的特定模式。

最近的例子就是奥运会 23 块金牌得主迈克尔 · 菲尔普斯。尽管菲尔普斯拥有惊人的体能，也经过非常严格的训练，但他的教练鲍勃 · 鲍曼（Bob Bowman）表示，真正让他能成为佼佼者的是他在心理上的准备。鲍曼说："从想象能力方面来说，在我见过的人中，他是最出色的，可能也是有史以来最为出色的。他能准确地想象出完美的比赛，就像是在看台上观看着一切，而他是在水里观看比赛。接着，他会思考各种场景。如果事情进展不顺利，那会怎么样？例如泳服撕裂，或者泳镜碎了。

此后他就有了自己的数据库，在参加比赛时，他的神经系统早已经编好程。而他会选择正好想到的那个程序。如果一切完美无瑕，他就选择完美的方案。如果必须进行改变，也早已经想象好了。”他在奥运会上的成功进一步说明你如何使用这种方法，以及这样做的重要性。

> **蜕变 Tips**
>
> 你所想象的场景越接近现实生活，就能取得越好的表现，从而争取到工作机会。

除了想象最好的情景之外，菲尔普斯也会想象其他最糟糕的场景，并做好相应的准备。正如鲍曼所提到的，菲尔普斯反应速度比他人快很多，就因为他已经给自己和中枢神经系统编程，做好准备做出其他选择。让我们再将这种方法用到职场上。假设你要进行演讲，但并不确定听众会有何反应。或许你需要稍微调整一下演讲的重点？或者在其中穿插一些笑话，活跃一下气氛？是否要回答一些意料之外的问题？你预先无法准确知晓到时候会发生什么情况，但你可以在脑中预演一下各种情况，从而提高自己成功应对任何场景和问题的概率。或者想象你将要参加一场重要的面试。你可以准备好普通面试问题的答案，然后想象自己坐在房间里回答这些问题。你所想象的场景越接近现实生活，就能取得越好的表现，从而争取到工作机会。

方法 2：利用期望效应，提高自我效能

通过想象，你能够表现得更好，从而更加自信。这也就培养了所谓

的自我效能（self-efficacy），即你对自身在当前所从事的事情上取得成功的信心。研究一再表明，在各种类型的努力中，个人的思维方式决定了是否成功。**简言之，如果你认为自己能做得好，那么相比于认为自己会失败，实际上就能做得更好。**关于自我效能的研究也已经揭示，自信绝对是必不可少的。如果自我效能低，也就是你对自己取得成功和实现目标缺少自信。自我效能高则是截然不同的一种情况：你拥有强大的自信，深信自己有很大的概率取得成功。

在该领域一系列里程碑式的研究中，阿尔伯特·班杜拉希望能够评估参与者在执行任务时的自我效能水平，然后再对他们的绩效加以衡量。他发现，自我效能较低的人在绩效方面低于自我效能在普通水平的人，而后者的绩效又低于自我效能高的人。尽管对于那些自我效能低的人来说，这种研究结果可能让人沮丧，但还有好消息。研究也发现，自我效能可以得到提高。在自我效能提高后，人们的绩效也能得到改善。这是该研究同样重要的发现之一，不过这常常被人们所忽视。自我效能并非天生的。“江山易改，本性难移”，但这不包括自我效能。你可以通过反复练习来加以提高。想想自我效能对自身职业发展的重要性，你就会马上明白为什么必须创造成功。这样做不仅仅是为了成功本身，同时也是因为它能让你保持和提高自我效能。制订并达到目标，由此就能树立起信心。而随着目标变得越来越大，热情度越来越高，你的信心也会越来越足。

正如成功能够孕育更多的成功，高自我效能也能带来更高的自我效能，从而让你可以更好地应对失败。之所以能如此，是因为有较高自我效能的人懂得失败只是暂时的，而成功很快就会到来。我们在策略 6 中对失败进行过详细的探讨。失败总是难免的，最重要的在于当失败出现时，你做好了应对准备。此外，高自我效能的人还有另一个特点，那就是坚持不懈。他们不会轻易放弃，因为他们懂得如果自己坚持不懈，就会实现目标。高自我效能甚至能减轻压力，因为你会感到更为自在和自信，由此也可以降低焦虑感，而后者是导致压力的主要原因之一。

我们在策略 3 中讨论过目标设定问题。当我们把自我效能和目标设定联系在一起，就会发现其中令人兴奋的关系所在。自信心越强，人们就越乐于制订和追求更宏伟的目标。换言之，随着自我效能越高，大处着眼的意愿也就越强。假设你想要学习游泳，当然，你不会马上去尝试横渡湖泊。但随着你实现了学会漂浮这第一个目标后，第二个目标就是踩水，然后就是游较短的距离，接着还有下一个目标。因为这些目标都与游泳相关，所以你的自我效能也随之得到培养。不久后，游泳横渡湖泊这个曾经显得难以想象的目标很快会让你感觉并不难实现。

随着在特定领域的自我效能提高，你会敢于进行自我实现预言（self-fulfilling prophecy）。自我效能是基于你的自信，而自我实现预言是认为因为自己和他人预先采取了行动，所以结果就会如预期一样出现。当他人认为某人会表现出色时，就会预测这个人能取得成功，而他们的行为就会体现这种预期，导致这个人会去努力实现该期望。

在自我实现预言的测试中，心理学家罗伯特·罗森塔尔（Robert Rosenthal）有了惊人的发现。在其最著名的研究中，他与一家小学合作，分析老师对学生的期望是否会影响学生此后的表现。出于研究需要，在课堂开始时，研究人员对老师特意进行了误导，并且告知他们对一些学生的期望值。老师被告知根据 IQ 测试的结果，特定学生在学校的学习成绩应该可以更好。在罗森塔尔所称的皮格马利翁效应（Pygmalion effect）中，他发现在学年结束的时候，那些学生在后续的 IQ 测试中得分要高于其他学生。

事实上，这些“优秀”学生都是随机挑选的。罗森塔尔根据这个实验与人合著了一本书，他和合著者（学校校长莱诺尔·雅各布森）推测，老师的预期导致他们会更多关注那些学生。颇让人好奇的是，该效应在一、二年级学生身上最为明显，而对于高年级学生则差别没有那么大。作者推测这可能在于对低年级学生而言，老师还没有机会对他们进行了解，并形成一定的看法。换言之，老师的预期还在形成当中。对于高年级的学生来说，老师在此前数年里已经对他们进行了观察，对他们的能力有着更为全面的了解。这是颇具影响力的一种观点，而且它对于那些初入职场或刚刚跳槽的人来说有着深远的意义。它意味着只要迈出正确的第一步，在最开始就表现强劲，那么同事和上司心中就会对自己有正面的预期，进而推动自身职场生涯线的发展。

当忽视这些事情的发展时，负面预期效应就会出现。在学校搞恶作剧的学生很快就会被贴上“麻烦制造者”的标签。“好”学生犯的小错误可能只是让老师翻翻白眼，但“坏”学生如果犯同样的错误，就会再次被留校。那位学生在其生涯线中就要逆风前行。为什么？因为老师习惯于认为他们会犯错，并且密切留意他们哪怕最轻微的违规行为。要改变老师对该学生的观点，需要该学生在很长一段时间里坚持表现出色。这点在工作中是一样的，哪怕是小错误也不能犯。小错误会导致人们对失败的预期，从而等着更大的错误出现。

自我实现预言不仅适用于个人，而且适用于团队。自我实现预言的影响轻易就会从个人身上出发，扩散开来，形成团体的自我实现预言。这种团队层面的预言被称为协同集聚效应（synergistic accumulative effect）。同事会注意到我们的行为、态度和举止。这些东西不仅会被他人所注意，而且会影响到其他人。正如你常常看到的那样，会议、聚会或者是其他事情动辄被某一个人所改变，这个人的态度和兴奋程度通常可以调动所有人的情绪。另外，这个人也能够导致消极态度在会议室内快速蔓延开来。自我实现预言可以被用来鼓舞自己和他人。**不管是在工作还是在生活中，通常并不仅仅就是人数之间的 1+1，群体自我实现预言的影响力甚至要超过个人。去鼓舞身边的人吧，它将帮助你取得更大的成绩。**尤其在带领某团队时，切记自身的态度和举止会给他人带来多大的影响。

与自我实现预言对个人的影响一样，如果不加以注意，协同集聚效应可能也会给你和团队拖后腿。你必须让协同集聚效应为你所用。为了充分说明利用不当的影响，我们先来看看美国的经济大萧条。某个人的自我实现预言还不足以导致银行系统的巨大崩塌，但协同集聚效应可以。在股市崩盘之后，关于银行无法兑现的传言散播开来。越来越多的人开始相信银行将会倒闭，由此导致巨大的人潮涌向银行，纷纷要求提取自己的存款。当然，银行会进行投资，试图用足够的现金来满足所有人的提现需求。然而，随着提款需求的加大，银行终于无法跟上，随之带来巨大的恐慌。

皮格马利翁效应、自我实现预言和协同集聚效应等都是期望的不同形式。你可以学习如何利用期望效应，而不是让它破坏你的发展。当你忽视的时候，它就会捣乱。当你将目标理论（参见策略 3）、自我效能和期望效应等联系在一起时，就能拥有强有力的工具，你会创造出如图 7-1 所示的那种永恒的成功圈。你会看到，它们是彼此相辅相成的。在制订并实现目标时，自我效能就会得到培养。随着自我效能的提高，争取更大目标的意愿也会增强。人们会注意到你，看到你的成功，由此他们对你的期望也就更高。接着，你将会努力让那些期望变为现实，你的绩效随之也能得到提高。

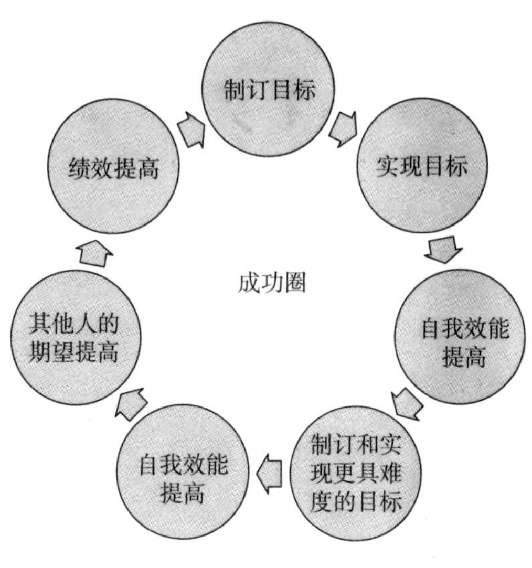

图 7-1　永恒的成功圈

让我们来看一个例子。你刚换到同一家公司另一个部门的新岗位上，在该业务领域是名新手。此外，新工作比较显眼，权责也更大。不过从内心深处来说，你知道自己会取得成功。这已经不是你第一次冒险更换岗位，从事比较陌生的工作了。你知道自己有着成功的历史，你可以借助这些经历，也据此相信自己能再次取得成功。

此外，新岗位的经理之所以找你来填补空缺，是基于他和你此前的老板所进行的谈话。你经历了严格的面试流程，而且整个流程中都表现很出色，这也让那些未来的同事对你有着很好的期望。招聘你的经理和新同事因为他人的推荐意见和与你之间的积极互动而预测你会表现不错。自信外加他人积极的预期，它们能帮助你在新环境下迈出正确的第一步。切记，成功会孕育更多的成功。

在培养了较高的自我效能后，你会发现自身行为和预期结果之间存在一定的关联。有运气的确是件好事，甚至也很重要，但运气不是战略，也不能持续。研究已经显示，你必须明白自身行为对结果的影响。如果只是靠运气，人们会快速放弃希望，停止尝试，这会带来习得性无助。我们曾在策略 6 中探讨过这种情况。必须注意，在你做的所有事情上，自我效能并不是恒久不变的。相反，它会根据手中的任务而发生改变。你可能在某件事情上自我效能较高，但在另一件事情上自我效能较低。例如，你可能认为自己是一位出色的歌手，却非常害怕游泳。尽管可以在各个方面培养自我效能，但你应该主要关注那些对幸福和成功而言最至关重要的领域。

有必要再强调一下，你的生涯线由你自己做主。其他人能提供帮助，但要靠你自己去争取。正因为如此，你在看待生活和其挑战时必须有内在控制点（internal locus of control）。内控型的人深信自己的成功要靠自己来把握，并且会为自己的错误负责。当这样做的时候，你就开始建立预期，这实际上决定了你的未来。还记得辛迪和罗恩吗？我们在前面曾经介绍过他们。辛迪的行为就是一个很好的例子。她有着内在控制点，并且充分利用所处环境来推动自身发展。

> 蜕变 Tips
>
> 你在看待生活和其挑战时必须有内在控制点，深信自己的成功要靠自己来把握，并且会为自己的错误负责。当这样做的时候，你就开始建立预期，这实际上决定了你的未来。

而罗恩有着截然不同的个性，他采用的是外在控制点（external locus of control）。他将环境的变化归咎于其他人，不是想办法来应对新环境，而是想方设法推卸责任，由此他放弃了自信。这种做法当然不会有结果，他最终离职。当你采用外在控制点，也就是把重要的精力放在了错误的事情上。你没有去关注自己可以改善哪些方面以及如何实现目标，而是把宝贵的时间花在了为问题寻找外部因素和借口上。此外，当事情进展顺利，你可能将这归于运气，而不认为正是自身的努力才带来这些成功。从更广泛的角度来说，你必须明白，在人生中，你最能控制的就是你自己。你无法始终控制自己的职场，也无法控制其他人的行为。但将关注点放在自身绩效和技能培养上，你就能获得持续发展。留心他人在做些什么，向他们学习，但不要一门心思只盯着他们做的事情，忘记了自己可以去控制的东西。

方法 3：先追求快乐，再追求成功

如果对所从事的工作不感兴趣，或者是缺乏开展工作所需的技能，那么要在长时间里维持出色的绩效是极为艰难的事情。在思考自己想要的职场生涯线时，你必须充分考虑自身的个性、长处和短处。如果不考虑这些，就无法为职场上将遇到的事情做好准备。例如，如果你是个内向的人，那么在销售领域谋求发展就不是最佳选择；同样，如果你天生外向，就最好不要从事守夜人的工作。

有趣的是，个性甚至会导致人们对职场生涯线存在不同的预期。让我们再次使用内向和外向的例子，分析不同的个性如何带来不同的生涯线。尽管不是 100% 绝对，但外向的人在其生涯线中通常有更多急剧上升和下降；内向的人通常生涯线会更为平缓和持续。在图 7-2 中，你会看到这两类人的生涯线。内向和外向的人可能最终的目标相同，而且两者都可以实现目标。不过，他们经历的生涯线存在巨大的差异。

蜕变 Tips

对自身的兴趣和优势有明晰的了解，这样就可以帮助你关注那些最能带来满足感和创造成功的领域。

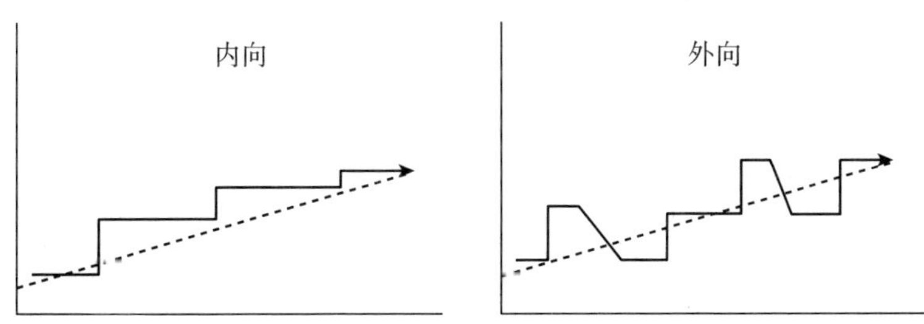

图 7-2　不同个性的生涯线示例

出现这种差异的原因就在于他们拥有不同的个性偏好，而这种个性偏好决定了他们的行为。外向的人通常说多于听，内向的人则恰恰相反。内向的人更加谨慎，深思熟虑；外向的人乐于快速采取行动，更愿意冒险。在分析这两种风格时，就会明显看出为什么他们的生涯线会存在差异。内向的人通常犯大错的风险要小一些，但也会错过取得巨大成功的机会。同样，外向的人更乐于接受失败，能在失败后快速站起来，并且可能创造巨大的成功，但接着又因为失策而走下坡路，此后又再次反弹。这样就可能导致他们的生涯线相比于内向的人而言波动更大。如果你从未进行过个性评估，我建议你还是尝试一下，看看自己属于何种个性。许多公司拥有发展计划，其中包括此类评估，而且在网络上有许多免费的个性评估。

对自身的兴趣和优势有明晰的了解，这样就可以帮助你关注那些最能带来满足感和创造成功的领域。许多人会犯一个根本性的错误，即花过多的时间和精力来改进自身的弱点。改进弱点的确非常重要，但在一些劣势领域，你所能取得的改进也只有那么大。除此之外，你在这些方面所付出的努力只能带来有限的改进。相反，通过提高综合技能、兴趣和抱负，你将能够发挥自身的优势，而不用去改变那些对你而言最为重要的东西。这样将让你的职业发展更符合自己的个性，也会给你带来更大的满足感。

如果你的职业不符合自身的兴趣和技能，那么久而久之，你就会变得精疲力竭、士气低落。**不要强迫自己去喜欢某些东西，而应该改变自己所做的事情或者做事的方式，让它们给你带来快乐。这种改变是让你适应，而不是拿自己的兴趣和能力做妥协。**这点至关重要，因为几乎所有持续的成功都要求进行改变和调整。但这并不意味着你应该一次性改变一切东西。一次想做的事情太多，就会发现自己不堪重负。此外，你将会改变众多的东西，但只能在最低的程度上取得成功。如果一次只做一项重要的改变，就能够集中精力，而自身的技能和舒适度也能快速得到提高。很快，曾经舒适区之外的领域将会成为你所擅长的领域。同改变一样，你的职场生涯线也会通过一系列连续成功的小步骤而得到出色的管理。

你会发现，如果采用这种方式前进，就能够得到更大的满足感和幸福感。你必须通过工作和生活来维持幸福感，不要为了短期的收益而牺牲幸福感。许多人认为成功能带来幸福，这点被证明存在根本性的错误。在大量元分析中，研究人员发现，有证据证明，幸福感在很大程度上意味着成功，而成功并不意味着幸福（元分析是一种统计方法，对许多研究结果进行综合，从而发现不同变量之间“真正”的关系）。到底什么最重要？在这个问题上，传统观点事实上已经落伍了。

肖恩·埃科尔[①]在其《快乐竞争力》(*The Happiness Advantage*)[②]一书中对这个观点进行了详细阐述，他分析了为什么最初就要追求快乐。如果你先追求成功，然后再追求快乐，那么目标就会不断发生变化。你告诉自己幸福就在那里，但等你到达那里，又会想要更多的东西。如果你可以争取到下一次加薪，或者提拔，或者是任何你认为自己想要的东西，你就会快乐。在追求成功的过程中，你会轻易地牺牲快乐，因为你认为自己很快就能找回它。但事实上，在你获得下一个成功后，其新鲜感就会消失，就像是新车带来的新鲜感会消退一样。在驾驶数英里后，你已经在想着下一辆新车了，而不是去享受自己当前所拥有的新车。

为了成功而追求成功，这样并不能带来快乐。快乐更应该被视为你在做自己喜欢的事情时所经历的一种结果。就算没有激情，你也能在一段时间里维持自己的绩效，但最终你会感到乏味，绩效慢慢消减。**如果你在工作中感受不到快乐，就不可能充分发挥自身的潜力，去创造成功。**

在理想的情况下，你能够找到一份自己热爱的工作，从而达到心流的状态。创建鞋类企业汤美仕公司（TOMS）的布雷克·麦考斯（Blake Mycoskie）表示，尽管他在此之前曾经创立过 5 家公司，但对他而言，汤美仕公司才是最理想的工作。为什么？因为在汤美仕公司，工作不再

---

① 肖恩·埃科尔（Shawn Achor）的著作《幸福原动力》中文简体字版已由湛庐文化策划，浙江人民出版社出版发行。——编者注

② 此书中文简体字版已由湛庐文化策划，中国人民大学出版社出版发行。——编者注

感觉像是上班。他将自己的职场兴趣、个人兴趣和慈善综合在一起，营造了一个和谐的环境（汤美仕公司以每卖出一双鞋就给需要鞋子的儿童捐赠一双鞋而闻名）。这完美的综合让他能够把所有精力投入到一项使命上，而且在这个过程中，他创造了一种新的商业模式，将盈利和慈善捐赠很好地结合在一起。

当你真正喜欢自己的工作，并能全心投入，那么也就大大增加了通过工作来取得伟大成就的概率。还记得策略2中所介绍的托尼·霍克吗？他在进入滑板运动领域时并没有想过要围绕自己标志性的品牌打造一个商业王国。他之所以从事滑板运动，仅仅是因为这是自己所热爱的事情。他拥有激情和技能，也展示出了顽强的毅力，由此他做了有史以来没有人做到的事情。此后，这也为他开启了更多的机会大门。

方法4：过滤噪音

每天都会发生许多事情，我们这个世界从未停止过前行。在工作中，事情有轻重缓急，而你也有自己的承诺。在家中，在教堂，在孩子的学校，在一切地方都是如此。许多事情的确要优先考虑，但其他事情在很大程度上仅仅是让人分心。打开收音机后听

> **蜕变 Tips**
>
> 在工作和生活中，你每天都必须能够区分身边的各类信号和噪音，这样才能消除那些让你分心的“东西”，把精力集中在真正重要的事情上。

到的静电干扰都被称为噪音，而你想要听的话语或音乐就被称为信号。当噪音太多，你就听不到信号。也就是说，你无法将精神集中在最重要的东西上。在工作和生活中，你每天都必须能够区分身边的各类信号和噪音，这样才能消除那些让你分心的“东西”，把精力集中在真正重要的事情上。

我们可以使用传统的钟形图（参见图 7-3）来说明这点。通常而言，许多小事情会占用大量的时间。这些时间会累积起来，因为我们会反复思考自己要做多少事情，然后就耽误了完成事情的时间。在图 7-3 中，活动的重要性和所花费的时间被分别作为纵轴和横轴。从中可以看出，如果你有 10 个小时，就会轻易把半数以上的时间花在不太重要的事情上。再看看你在重要的事情（信号）上和不重要的事情（噪音）上所花费的时间比例。你可以利用一条简单的经验法则：如果某件事情所需时间不超过 5 分钟，那么赶快做完，省得它碍事。如果你能这样来安排 1 个小时，就能快速地完成 12 件小事情，从而消除不必要的分心。通过完成这些事情，你就能释放自己的大脑，让它减少干扰，关注更重要的事情。

我并不是想说这种做法是绝对的。相反，我希望大家明白，对事情进行轻重缓急分析是必要的。小事情也重要，需要完成，但你在小事情上所花的时间不能超过那些重要的、能给你的生活和职业生涯成功带来最大影响的大事情。与决策一样（参见策略 3），在很多时候，你早已经知道要做什么。那么就放手去做吧，将自己的精力放在更重要的事情上，那些能让你在职场中脱颖而出的事情。

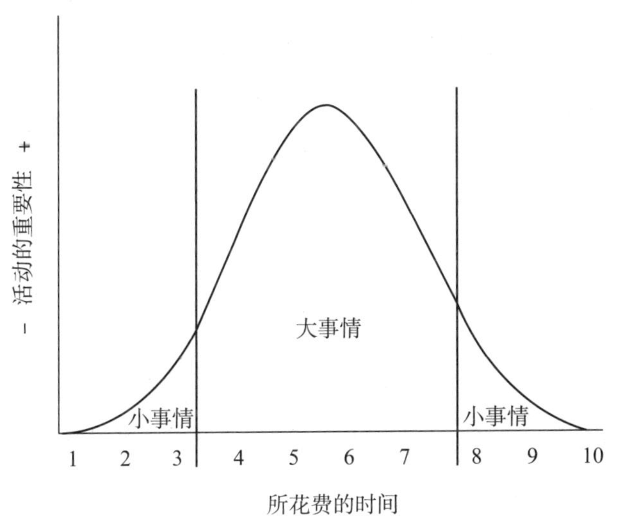

图 7-3 事情曲线

持续保持绩效并不容易，但并非不可能实现，秘密就在于要相信自己能做到。你可以努力将精力放在那些能给你带来最大满足感的事情上，从而让自己更轻松地实现持续的绩效。在工作中，你可以在较长的时间里做某事都比较成功，但只有做自己想做的事情，真正的成功才会到来。如果不喜欢自己所做的工作，那么工作最终仅仅是一种机械运动，你的内心还在等待着真正喜欢的事情召唤自己。可是真正喜欢的事情并不一定会自己送上门来，你应该主动去追求自己所想。

不管在任何时候，都会有许多事情发生，所以人们会轻易地忽视小事情，认为它们跟自身的成功无关。尽管人们喜欢追求速度，但有句老话是“欲速则不达”。事实上，“磨刀不误砍柴工”。我想说，如果你在最初就做对事情，那么就能保持正确的生涯线。否则最初所追求的速度反而会离你越来越远，因为你发现自己必须原路折返。留心自己所做的事情和做事的方式，你将会获得更快的前进速度。

TRAJECTORY

蜕变轨迹

1. 如果你认为自己能做得好，那么相比于你认为自己会失败而言，实际上就能做得更好。
2. 同事会注意到我们的行为、态度和举止。这些东西不仅会被他人所注意，同时也会影响到其他人。正如你常常看到的那样，会议、聚会或者是其他事情动辄被某一个人所改变。
3. 群体自我实现预言的影响力甚至要超过个人的自我实现预言。鼓舞身边的人，它将帮助你取得更大的成绩。
4. 不要强迫自己去喜欢某些东西，而是改变自己所做的事情或者是做事的方式，让它们给你带来快乐。这种改变是让你适应，而不是拿自己的兴趣和能力做妥协。

5. 为了成功而追求成功，这样并不能带来快乐。快乐更应该被视为是你在做自己所喜欢的事情时所经历的一种结果。
6. 如果你在工作中感受不到快乐，就不可能充分发挥自身的潜力，去创造成功。

TRAJECTORY

职场演练 | 分析你的时间档案

在下表中列举自己认为最重要的 5 件事情，可以是工作上的事情，也可以是生活中的事情。接着，分析自己每天在这些事情上所投入的时间。你一周总共有多少时间？再计算自己每周在工作上所花费的时间。你在这些重要的工作活动上分配的时间是否合适？扣除你在工作上花费的时间，还有多少时间可以放在其他感兴趣的活动上？你是否将时间花在了一些领域上，导致自己无法把精力集中在那些最重要的事情上？如果是这样，你要如何减少在那些领域上浪费的时间？接着在最后一栏中列举你要做出哪些改变，从而将更多的时间投入到对你而言最为重要的领域。

最重要的 5 件事	每天在这件事上所花费的时间（单位：小时）	我将做出哪些改变
1.		
2.		
3.		
4.		
5.		
总共花费的时间		

出发吧，创造你自己的生涯线

世上从未有真正的巅峰，只是在某个时刻，你发现自己对当前状态颇为满意，或许你会选择继续前行，绝不停步。如果遵循本书所介绍的策略，不管在任何时刻，你都将能选择合适的应对方法。你将取得成功，也将感到满足。

荀子曾经说过："不闻不若闻之，闻之不若见之，见之不若知之，知之不若行之。"本书介绍的 7 条策略说的正是这个道理。这里没有冗长的章节，只有简练的经验，能让你马上加以应用。表面看来，每条策略最后的练习似乎非常简单。不要认为这是浪费时间，其意义远不止此。这些练习能够让你去思索，指引你前进。只有当你在日常生活中懂得如何应用每条策略时，真正的成功才会到来。

本书应该被视为职场生涯线的起点，由此迈步，牢记于心。本书将帮助你开始建立或重新建立自己想要的生涯线，它为你奠定前进的基础。目标制订、控制点、预期理论以及本书介绍的其他所有概念都不是孤立的，它们均相辅相成。制订目标才能实现目标，实现目标就能树立自信和培养自我效能。而他人看到你取得成功，也会预计你会继续成功。你将建立一个强劲的闭环，推动自身生涯线前进。这点必须牢记，因为在本书所介绍的理念中，单靠哪个都不能让你迈上成功的道路。只有当你懂得所有领域如何协力并加以应用，成功才会到来。每条策略中所介绍的经验能给你前进的推动力，但只有综合使用才能推动你大步向前。

世界上有许多人不走寻常路。有些人是直截了当，而其他人的方式则难以说清。我们的职场不再容易预测，人们不再能仅仅靠加班加点来获得晋升。你还必须在职场中采取一些策略性的举措，有时候还要为此冒险。你甚至会接受新工作，而在过去，这种新工作不被人们视为真正的晋升，但它能大大提升你的技能。横向发展机会、进入另一个职能领域或者甚至是到另一个大洲去工作，这些都是你可能遇到的职场发展机会，必须做好准备迎接这些机会。职场不再像过去那样可以预料，或者是呈线性发展。从本书中掌握的技能将帮助你做好准备，应对遇到的任何挑战，并抓住各种机会。

职场的不断变化也让人们在规划自身职业发展时无法保证未来就能完全照着计划走。每段职业生涯都会有起起伏伏，跌跌撞撞。不过，在为自身的职场生涯线制订计划后，就能够一步一步往前走，每一步都在可控范围之内，由此化解各种问题。你甚至可能发现，在迈入职场的下一步并从中吸取经验教训后，就能选择此前想都没有想到过的方向。

现在，你应该对自身能力更为自信，相信自己能沿着生涯线前行，为前方等待自己的一切而兴奋激动。最强有力的武器就是改变和适应，人力资源领域的众多专家将这两点作为2020年推动成功的最重要的两大因素。科技能力相当重要，但很快就会过时。正是因为这个原因，改变和适应变得格外重要，它们能帮助你与时俱进。要不断学习，始终寻找学习和扩充技能的机会。

许多人应该还记得《游戏人生》（*Game of Life*）这个经典的棋盘游戏吧？在游戏中，你必须经历不同的人生阶段，而目标就是带着最大的成就和最多的现金退休。游戏开始后，你要从棋盘上的“开始工作”开始。随着在游戏中的进展，你必须做出一系列与工作和人生相关的选择。这一路你会遇到不同的障碍，经历被解雇、中年危机和其他挑战。当然，这只是游戏，但道理是一样的。你的目标就是克服障碍和挫折，赢得胜利。从多个方面来看，《游戏人生》堪比真正的人生生涯线。只是人生是一种更大的选择，后果也更严重。

如果说本书有一条最大的道理，那就是自己的生涯线自己做主。面对未来，你所能做的就是自己来打造自己的未来。我们在本书中所探讨的一切都在大家的控制范围之内。有许多书会告诉你如何在经济低迷时找份工作，如何在被解雇后重新站起来，等等。但这些书所探讨的都是已经发生的事情。通过运用本书中介绍的 7 条策略，你将能做好准备，在最初避免那些情况的出现。最害怕失去工作的人反而失业的可能性最大，他们害怕失去工作，是因为他们没有做好改变的准备。他们没有能够与时俱进，避免停滞。所以当出现经济衰退、企业重组或者其他导致部分岗位失去价值或被取消时，那些人可能会第一批被解雇。如果你能创造持续的高绩效，也就没有什么好害怕的了。

一路走来，切记要暂停一下，便于自己进行反思。最近取得了哪些成就？哪些没有能如预期那般得到实现？现在的目标还是去年那个吗？你学到了哪些东西？你的生活是否遵循了自己的目标、优先顺序和价值观？反思就像是开车时看后视镜。如果仅仅盯着前面看，就会错过身后一些重要的事情；如果仅仅只是透过后窗玻璃看看身边经过的事物，就会错过正前方那些重要的事情。

如果不能偶尔停下来思考自己正在做的事情，就会破坏自身保持正轨的能力。如果不花时间进行反思，就会让自己轻易陷入平稳期。这样你就变成自身习惯的受害者，而你不能让自身习惯变成一种束缚。与此同时，不要花太多时间盯着同一块后视镜。挡风玻璃要比后视镜大得多，这不是没有原因的。关注前方要比关注后方更为重要。过去的事情能让你从中吸取经验教训，偶尔回首过去能确保你不重蹈覆辙，但回首之后要记得继续往前看。

我想提醒大家：忠于自己，真诚对人。这就是真实的自我。这样你就能做到我的生涯线我做主。现在就出发吧，去创造自己的生涯线。

TRAJECTORY
译者后记

书店里关于职场发展的书籍数不胜数，有的教你如何搭建人脉网，有的教你如何保持好心态，还有的教你如何应对职场政治。凡是你能想到的问题，一般就能找到对应的书籍为你解答困惑。但许多书籍看下来，发现言之无物，看完后依然是一头雾水。心灵鸡汤喝多了，自然也就会反胃。

刚拿到这本书的英文版本时，心里不免有些忐忑，担心本书也同众多成功学书籍一样空洞乏味。如果连自己都不喜欢，又如何去静下心来翻译，为大家呈现中文版呢？但慢慢地整本书看下来，突然发现原来自己的许多问题在书中都找到了答案。本书的文字浅显易懂，虽然涉及许多心理学知识，但没有深奥隐晦的概念，让人摸不着头脑。相反，这些心理学知识能帮助读者更好地理解相关的现象，从而更准确地把握作者的指导思想和核心观点。

本书的道理其实也很简单，比如要注重反馈信息，要坚持不懈；又比如要避免停滞等。这些道理可能我们也常常听到，觉得不以为然。但本书最大的特色还是在“生涯线”这个概念上。我们的职业生涯不是一个点，而是由许多个点组成的一条道路。这条道路会有起起伏伏，我们走起来也会跌跌撞撞。但不管遇到什么情况，最重要的就是要把自己的各种经历“串”在一起，让它们成为下一步的跳板，为下一步的发展做好铺垫。许多人在跳槽时可能看中的是高薪，是灵活的工作时间，是全新的感觉，或者是离家近。可是，有很多人并没有思考自己当前的这一步如何为下一步做好铺垫。我们眼睛盯着的就是面前，看到的就是一个点，却忽视了前方许多个点组成的道路。这也是本书给我最大的启发。仔细阅读本书，再结合自身的经历加以反思，相信大家能有更多感悟，从中获益匪浅。

有机会深入解读该书内容，并努力向中国读者提供译本，深感荣幸。为此衷心感谢粟华魁、肖梦兰、莫崇晟、粟之敦、余笑和晏俊等，他们也在本书翻译中付出了很多努力。由于时间匆忙及译者水平有限，疏漏之处难免，还望指正。

未来，属于终身学习者

我这辈子遇到的聪明人（来自各行各业的聪明人）没有不每天阅读的——没有，一个都没有。巴菲特读书之多，我读书之多，可能会让你感到吃惊。孩子们都笑话我。他们觉得我是一本长了两条腿的书。

——查理·芒格

互联网改变了信息连接的方式；指数型技术在迅速颠覆着现有的商业世界；人工智能已经开始抢占人类的工作岗位……

未来，到底需要什么样的人才？

改变命运唯一的策略是你要变成终身学习者。未来世界将不再需要单一的技能型人才，而是需要具备完善的知识结构、极强逻辑思考力和高感知力的复合型人才。优秀的人往往通过阅读建立足够强大的抽象思维能力，获得异于众人的思考和整合能力。未来，将属于终身学习者！而阅读必定和终身学习形影不离。

很多人读书，追求的是干货，寻求的是立刻行之有效的解决方案。其实这是一种留在舒适区的阅读方法。在这个充满不确定性的年代，答案不会简单地出现在书里，因为生活根本就没有标准确切的答案，你也不能期望过去的经验能解决未来的问题。

湛庐阅读APP：与最聪明的人共同进化

有人常常把成本支出的焦点放在书价上，把读完一本书当做阅读的终结。其实不然。

时间是读者付出的最大阅读成本
怎么读是读者面临的最大阅读障碍
“读书破万卷”不仅仅在“万”，更重要的是在“破”！

现在，我们构建了全新的“湛庐阅读”APP。它将成为你“破万卷”的新居所。在这里：

- 不用考虑读什么，你可以便捷找到纸书、有声书和各种声音产品；
- 你可以学会怎么读，你将发现集泛读、通读、精读于一体的阅读解决方案；
- 你会与作者、译者、专家、推荐人和阅读教练相遇，他们是优质思想的发源地；
- 你会与优秀的读者和终身学习者为伍，他们对阅读和学习有着持久的热情和源源不绝的内驱力。

从单一到复合，从知道到精通，从理解到创造，湛庐希望建立一个“与最聪明的人共同进化”的社区，成为人类先进思想交汇的聚集地，共同迎接未来。

与此同时，我们希望能够重新定义你的学习场景，让你随时随地收获有内容、有价值的思想，通过阅读实现终身学习。这是我们的使命和价值。

湛庐阅读APP玩转指南

湛庐阅读APP结构图：

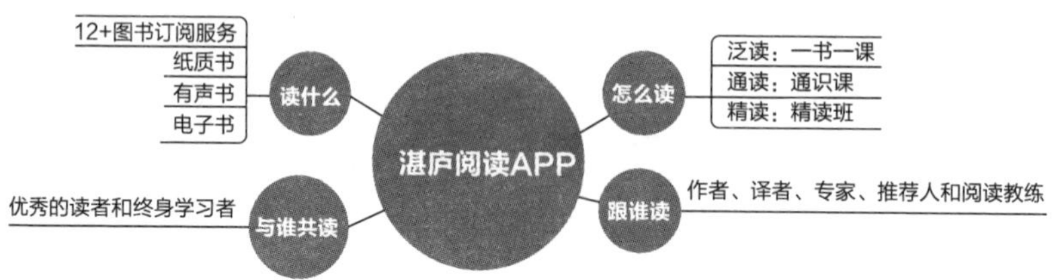

三步玩转湛庐阅读APP：

APP获取方式：

安卓用户前往各大应用市场、苹果用户前往APP Store直接下载“湛庐阅读”APP，与最聪明的人共同进化！

使用APP扫一扫功能，
遇见书里书外更大的世界！

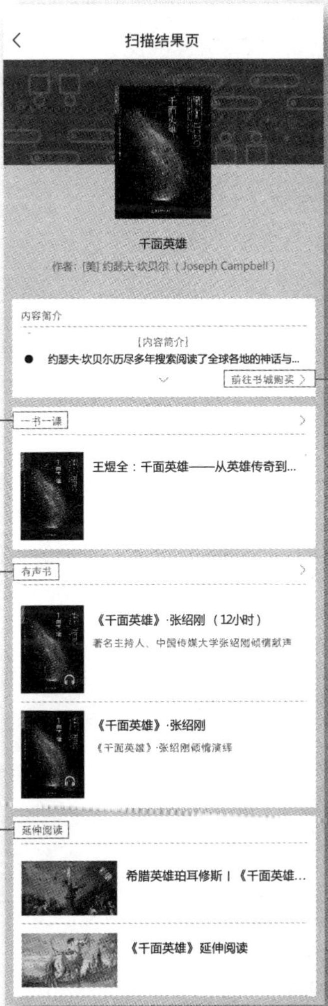

扫描结果页

千面英雄

作者：[美] 约瑟夫·坎贝尔（Joseph Campbell）

内容简介

【内容简介】

● 约瑟夫·坎贝尔历尽多年搜索阅读了全球各地的神话与...

前往书城购买 >

快速了解本书内容，
湛庐千册图书一键购买！

一书一课

王煜全：千面英雄——从英雄传奇到...

有声书

《千面英雄》·张绍刚（12小时）

著名主持人、中国传媒大学张绍刚倾情献声

《千面英雄》·张绍刚

《千面英雄》·张绍刚倾情演绎

大咖优质课、
献声朗读全本一键了解，
为你读书、讲书、拆书！

延伸阅读

希腊英雄珀耳修斯丨《千面英雄...

《千面英雄》延伸阅读

你想知道的彩蛋
和本书更多知识、资讯，
尽在延伸阅读！

延伸阅读

《这才是我要的工作》

◎ 好用到不可思议的人生进击指南。

◎ 从“小目标”开始，带你发现或创造出你命中注定的工作，打破无聊到爆炸的生活！

◎ 背包客小鹏、音乐人乔小刀、行动派创始人琦琦、职场咨询师小川叔等重磅推荐。

《深潜：10 步重塑你的个人品牌》

◎《财富》《Inc.》《纽约时报》推崇的“品牌专家”“个人重塑专家”倾力巨献！

◎ 重塑个人品牌的绝佳指南，打造你的形象和未来的不二之选！

◎ 古典、秋叶、罗伯特·西奥迪尼等激赏推荐！

《远见》

◎ 来自奥美互动全球首席执行官 30 余年的职场洞察。

◎ 3 大职场燃料，4 大黄金问题，5 个关键数字，100 小时测试，带你用远见思维规划职业生涯的三大阶段。

◎ 姚劲波、傅盛、杨石头、刘惠璞等激赏推荐！

《优秀到不能被忽视》

◎ 本书是畅销书作家卡尔·纽波特写给每一位职场人的醒脑剂，是在“鸡汤”和“鸡血”盛行之下对工作和人生的深度思考和探寻。

◎ 本书也是投资自己、创造一番事业的重要指南！

◎ 我们当前生活的这个世界里，当激情思维被片面地鼓吹时，本书发出了极其重要的声音。

David L. Van Rooy. Trajectory: 7 Career Strategies to Take You from Where You Are to Where You Want to Be

Published by AMACOM, a division of the American Management Association, International, New York.

图书在版编目（CIP）数据

浙江省版权局
著作权合同登记章
图字：11-2018-150 号

生涯线 /（美）戴维 · 范鲁伊著；粟志敏等译 . —杭州：浙江人民出版社，2018.5

书名原文：Trajectory: 7 Career Strategies to Take You from Where You Are to Where You Want to Be

ISBN 978-7-213-08732-5

Ⅰ.①生… Ⅱ.①戴… ②粟… Ⅲ.①职业选择 Ⅳ.①C913.2

中国版本图书馆 CIP 数据核字（2018）第 077221 号

上架指导：畅销书 / 职场励志

生涯线

［美］戴维 · 范鲁伊 著
粟志敏 等译

出版发行：浙江人民出版社（杭州体育场路 347 号 邮编 310006）
市场部电话：（0571）85061682 85176516
集团网址：浙江出版联合集团 http://www.zjcb.com
责任编辑：蔡玲平
责任校对：杨 帆 朱志萍
印 刷：石家庄继文印刷有限公司
开 本：720mm × 965mm 1/16　　印 张：14
字 数：136 千字　　插 页：1
版 次：2018 年 5 月第 1 版　　印 次：2018 年 5 月第 1 次印刷
书 号：ISBN 978-7-213-08732-5
定 价：69.90 元